왕들의 역사

The History of the Kings

윤종수 성서 명상 시선

왕들의 역사 The History of the Kings

2018년 10월 2일 초판 1쇄 인쇄
2018년 10월 8일 초판 1쇄 발행

지 은 이 | 윤종수
펴 낸 이 | 김영호
펴 낸 곳 | 도서출판 동연
등   록 | 제1-1383호(1992. 6. 12)
주   소 | 서울시 마포구 월드컵로 163-3
전   화 | (02)335-2630
전   송 | (02)335-2640
이 메 일 | yh4321@gmail.com

ISBN 978-89-6447-454-9   03230
ISBN 978-89-6447-450-1   03230 (세트)

윤 종 수 성 서 명 상 시 선

왕들의 역사

The History of the Kings

에
코
바
이
블

4

동연

누구나 자기의 영토에서는

자기가 왕이다.

자기의 시간과

자기의 나라에서

주어진 자기의 백성들과 함께

진리의 왕국을 세워가야 한다.

차례

1장

준비

2장

투쟁

3장

계승

4장

기억

프롤로그(Prologue)

길을 걷는다.
거기에서 태어나
그 길을 걸어가다
하늘로 돌아갈 것이다.

그 생각을 놓지 않는다.
거기에서 살아가다
거기에서 사라질 것이다.

그날까지 진리를 생각하며
자유의 길을 따른다.
그 길에서 하늘이 열린다.

손을 잡는다.
사랑이 흐르고 기운이 모아진다.
이것을 모르는 사람이 있을까?

안다는 것하고
행동하는 것은 다르다.
행동에서 역사가 일어난다.

손을 모은다.
두 손을 모아

하늘에 기도를 드린다.
그때마다 새로운 생명이 태어난다.

하늘 가까운 곳에 올라
하늘의 기운을 받는다.
오르고 오르다
마침내 가슴이 터진다.

내가 태어났던 곳.
나의 생각이 시작된 곳.
보는 자는 알게 될 것이고
깨닫는 자는 신비에 젖게 될 것이다.

1 장

준비

1. 아도니야

시대의 정도를
올바로 걷지 않는다면
스스로 높은 것이 무엇이며
한 자리를 차지함이 무엇인가?

그렇게 살아서
무슨 이름을 남기겠으며
무엇으로 그대의
희망을 삼겠는가?

때를 기다려야 함이리라.
하늘이 부를 때를 기다리고
시대가 부를 때를 기다리다가
때가 오면 일어서야 하리라.

그리고 혹 그가
그대를 부르지 않더라도
눈을 감고 절망하며
불평할 일이 무엇인가?

그가 그대를 불러야 할
남아있는 빚이 있었던가?

그대는 언제든지 그 자리에서
꽃을 피울 수 있지 않았던가?

그대는 항상
최선의 삶을 살 수 있었고
날마다 왕의 자리에 앉아
자신을 다스릴 수 있지 않았던가?

하니 그대의 자리에서
더 이상 죄를 짓지 말라.
이제 나의 산으로 올라
생명의 기도를 올리라.

세상의 모든 것이
먼지와 같은 것이거늘.
거기에서 그대가 이룰 업적이
한 점의 티끌과 같은 것이거늘.

그 때에 학깃의 아들 아도니야가 스스로 높여서 이르기를 내
가 왕이 되리라 하고 자기를 위하여 병거와 기병과 호위병 오
십 명을 준비하니. 1 Kings 1:5

2. 대장부

사랑하는 아들아,
이제 나는 죽음의 문으로 들어가야 한다.
그가 거기에서 나를 기다리고 있다.
마지막 삶의 승리를 얻어야 한다.

누구나 한 번은
걸어가야 하는 길.
깨끗하게 나의 삶을
마치고 싶다.

나를 놓아다오.
더 이상 나를 붙잡지 말라.
그것이 진정으로
나를 위한 것이리라.

사람마다 제각기
걸어야 할 길이 있다.
나는 나의 길을 가겠으니
너는 너의 길을 가라.

무엇 때문에 네가 살아가는지,
네 삶의 목적을 분명히 하라.

네가 가진 삶의 목표가
너를 이끌어가게 하라.

사사로운 작은 일에
너의 삶이 걸리지 않게 하고
하늘의 뜻을 이루는데
모든 것을 바치라.

깨끗한 삶을 살아가라.
윤리적으로 흠이 없게 하라.
작은 것을 탐하다가
큰 것을 잃어버리지 말라.

그리고 너의 뜻을 모두 마쳤으면
남은 세상에 미련을 갖지 말고
언제든지 나의 하늘로 올라오라.
내가 거기에서 너를 기다리고 있으리라.

내가 이제 세상 모든 사람이 가는 길로 가게 되었으니 너는 힘
써 대장부가 되고. 1 Kings 2:2

3. 아비삭

그것이 너의 살아가는
목적이더냐?
그것이 네가 보고 배운
전부이더냐?

너의 아버지가 행한 그 짓을
너도 하고 싶은 것이더냐?
너의 아버지의 자리를
너도 따라가고 싶더냐?

너의 아버지를 보고
그것밖에 배우지 않았느냐?
나는 그렇게 살지 않을 거라는
그 생각을 하지는 못했더냐?

하늘 앞에
죄를 범하면서
이렇게 하늘을 향해
삿대질을 하고 싶었더냐?

똑같은 가계에서도
그대로 따라 행하는 자가 있고

죄악을 끊어 하늘로 오르는
성자가 생기기도 한다.

생각하는 그것을
추구하는 것이고
추구하는 그것을
행하는 것이라면

너는 지금 무엇을
생각하고 있는 것이더냐?
살 것을 생각하고
죽을 것을 생각하지는 못했더냐?

네가 원하는 대로
그렇게 해주리라.
너의 침상에서 그 여자와 함께
순간의 열락을 누리게 될 것이다.

그가 이르되 청하건대 솔로몬 왕에게 말씀하여 그가 수넴 여
자 아비삭을 내게 주어 아내를 삼게 하소서. 왕이 당신의 청을
거절하지 아니하리이다. 1 Kings 2:17

4. 시므이

예루살렘 밖으로 나가지 말라.
함부로 그 선을 넘지 말라.
너의 생명은
거기까지 머물 것이다.

그 선을 넘는 날,
너는 죽음을 맞이할 것이다.
너의 삶은
거기까지 제한될 것이다.

네가 판 무덤을
네가 지킬 것이다.
너의 행한 일들을
네가 알 것이다.

하늘을 거역하고
하늘이 기름 부은 자를 능멸한
그 죄를 갚게 될 것이다.
그것을 갚기 전엔 결코 나오지 못할 것이다.

하늘 높은 줄 모르고
함부로 삿대질을 하고

땅 넓은 줄 모르고 침 뱉은 그 일을
너 자신이 알 것이다.

그렇게 생각도 없이
입을 열어 말을 뱉고
아무런 책임도 없이
행동할 수가 있겠느냐?

네 소유는 아까운 줄을 알고
하늘의 소유는 아까운 줄 모르더냐?
어리석은 사람아,
너의 입을 열지 말라.

한 번 죄를 범했으면
얼굴 부끄러운 줄을 알고
조용히 네 자리에 앉아 회개할 것이거늘
감히 자리에 일어나 선악을 판단하는 것이더냐?

시므이가 그 종을 찾으려고 일어나 그의 나귀에 안장을 지우
고 가드로 가서 아기스에게 나아가 그의 종을 가드에서 데려
왔더니. 1 Kings 2:40

5. 출입

왕은 아무데나 갈 수 없다.
왕은 자기가 갈 자리를 알아야 한다.
중독에 탐닉하거나 음모의 자리가 아닌
하늘의 뜻을 이루어야 한다.

왕은 아무데나 앉을 수가 없다.
왕은 자기가 앉을 자리에 앉아야 한다.
자기가 앉을 자리가 아니라면
과감히 버릴 수 있어야 한다.

왕은 아무것이나 먹을 수가 없다.
왕은 자기가 먹을 음식을 분별해야 한다.
깨끗하고 영이 맑아지는 음식을
조금씩만 먹어야 한다.

왕은 아무 말이나 할 수가 없다.
왕은 자기가 할 말을 알아야 한다.
세워주고 격려하는 말을 즐기며
파괴하고 깎아내리는 말은 금해야 한다.

왕은 아무 일이나 할 수가 없다.
왕은 자기가 할 일을 해야 한다.

지혜를 세상에 펼치고
뭇 생명을 살려야 한다.

우리는 언제나 하늘의 왕이다.
한 번 뿐인 우리의 삶을
멋지게 경영해야 한다.

목표를 세우고 일심으로 나가야 한다.
그리고 마침내 그 일을 이루어 내고
영광의 하늘로 돌아가야 한다.
완성의 노래를 불러야 한다.

왕은 허황된 왕관이 아니라
진리의 왕관을 쓰고
친절하게 자기 백성을 다스려야 한다.
사랑으로 자기의 자리를 지켜야 한다.

나의 하나님 여호와여 주께서 종으로 종의 아버지 다윗을 대
신하여 왕이 되게 하셨사오나 종은 작은 아이라 출입할 줄을
알지 못하고. 1 Kings 3:7

6. 지혜의 칼

지혜의 칼을
내게로 가져오라.
내가 그것을 잘라
합당하게 나누리라.

아무도 그것을
가지지 못하게 되리라.
언제나 날이 서린 칼로
자신을 자르게 되리라.

매일 마음을 자르고
욕망의 뿔을 자르라.
그렇지 않으면 칼이
너를 자르게 되리라.

업보의 싹을
그렇게 가지고 싶더냐?
그것을 소유하여
네 것으로 삼고 싶더냐?

너의 삶이 그것을 위해
존재하는 것이더냐?

그것을 위해
네가 태어난 것이더냐?

무엇을 하는지도 모르고
기도를 드리고
무엇을 쌓는지도 모르며
돌을 놓는다.

그러하니 남은 것은 단 하나.
그것을 둘로 자르는 것이다.
아무도 온전히 가지지 못하도록
주검을 만드는 것이다.

그들은 그것을 제단에 올려놓고
가증한 제사를 드릴 것이다.
하늘을 바라보며
울부짖게 될 것이다.

왕이 이르되 산 아이를 둘로 나누어 반은 이 여자에게 주고 반
은 저 여자에게 주라. 1 Kings 4:25

7. 넓은 마음

마음에 모든 것이 있었다.
그녀가 준 선악과를 먹고
나무 밑에 숨어있는 아담.
아이는 겁에 질려 떨고 있었다.

나무 밑에는 화려한 뱀이
또아리를 틀고 숨어있었다.
그것은 언제나 내면에서
유혹하고 있었다.

그녀는 아담에게
선악과를 건네주었다.
뱀의 속삭이는 소리를
거절할 수가 없었다.

자기만 먹을 수가 없었다.
같이 먹고
같이 걸어가면
두려움은 줄어들었다.

가인은 동생을 쳐 죽였다.
마음속에는 언제나 분노가 눌려있었다.

같이 나누어 먹으면 내 먹이가 줄어들잖아.
욕망의 불은 하늘을 찔렀다.

아벨의 피는 땅에서
억울함을 호소하고 있었다.
나는 이대로 죽을 수 없나이다.
왜 나를 세상에 보내었나이까?

치열한 투쟁을 끝낸 후
다윗은 궁전 지붕 위를 거닐고 있었다.
밧세바의 나신을 바라보았을 때,
모든 죄는 보는데서 시작되었다.

새로운 시대가 열려야 했다.
마음속의 쓰레기 더미에서
생명의 꽃이 피어나야 했다.
그것이 바로 왕의 길이었다.

하나님이 솔로몬에게 지혜와 총명을 심히 많이 주시고 또 넓
은 마음을 주시되 바닷가의 모래 같이 하시니. 열왕기상4:29

8. 성전을 세우라

마음이 가는 곳에
역사가 일어난다.
지금 너의 마음이
어디로 흐르는가?

자리에 앉으면
하늘이 보인다.
그는 언제나
거기에 있어왔다.

나의 성전은
우주의 중심이니
나의 성전을
더럽히지 말라.

거기에 너의 욕심을
쌓아두지 말라.
그곳에 너의 쓰레기를
함부로 버리지 말라.

온전한 마음속에
내가 있으니

거기가 나의 성전이라.
내가 그곳에 있으리라.

그곳에 나의 성전을 세우라.
내가 거기에서
너와 함께 거하리라.
거기에서 나를 만나게 되리라.

너의 마음을 다하여
생명의 노래를 부르라.
너의 뜻을 다하여
사랑의 꽃을 피우라.

그곳에 내가 임하리라.
하늘의 영을
비처럼 내리리라.
너의 몸이 성전이 되리라.

여호와께서 내 아버지 다윗에게 하신 말씀에 내가 너를 이어
네 자리에 오르게 할 네 아들 그가 내 이름을 위하여 성전을 건
축하리라 하신 대로 내가 내 하나님 여호와의 이름을 위하여
성전을 건축하려 하오니. 1 Kings 5:5

9. 언약궤

당신을 모십니다.
생명의 하나님.
당신은 우리에게
생명을 주셨습니다.

거기에 마음을 놓습니다.
사랑의 하나님.
나눌수록 커지는 마음이
그곳에 있습니다.

당신을 따라 길을 걷습니다.
진리의 하나님.
우리가 걸어갈
유일한 길이오니

내 마음의 지성소에
당신을 모십니다.
당신을 부름으로
내가 존재합니다.

언제나 기도의 불을 밝힙니다.
기도의 불이 꺼지면

목표도 사라지기에

매일 사랑의 불을 밝힙니다.
춥고 차디찬 세상에
따뜻한 불이 필요합니다.

불이 꺼지면 어두움이 찾아오고
사랑이 식으면 냉소가 지배하며
기도가 멈추면 계시가 사라지고
진리를 놓치면 혼돈이 시작되니

이것이 내가
나의 성전을 세우는 이유입니다.
그리고 오늘도 나의 성소에
당신의 언약을 새깁니다.

여호와의 언약궤를 두기 위하여 성전 안에 내소를 마련하였는
데. 1 Kings 6:19

10. 자기의 처소

당신 앞에 나갑니다.
당신을 만나는 곳.
거기 지성소에
나의 마음을 놓습니다.

거기에서 하늘로
소원을 올립니다.
소원을 올린다는 것은
아직 살아있다는 것입니다.

당신 안에서
당신과 함께 함이
내 삶의 이유이며
내 삶의 목표입니다.

나의 영혼을 정화하고
당신의 소리를 듣는 곳.
소리가 없으면
역사도 없습니다.

당신이 임재하며
당신의 임재를 느끼는 곳.

그곳이 나의 성소입니다.

내 처소의 중심에
언약궤를 모셔 들입니다.
당신과 하나 됨이
내 삶의 규율입니다.

당신 없인 내가 없고
내가 없인 당신도 없으니
당신과 하나 되어
하늘에 오릅니다.

당신을 따라오라고
날개를 주셨습니다.
날마다 날개를 달고
당신의 하늘을 나릅니다.

제사장들이 여호와의 언약궤를 자기의 처소로 매어 들였으니
곧 성전의 내소인 지성소 그룹들의 날개 아래라. 1 Kings 8:6

11. 흑암

어둠 속에서
그를 불러내라.
그로 하여금
빛으로 나오게 하라.

빛 속에서 살아가게 하라.
영원을 시작하는
태초의 소리.
그 소리를 듣게 하라.

그의 존재를 해방시키라.
감옥에 가두어
우상의 동굴에
머물지 않게 하라.

그를 다시 살려내라.
그에게 생명을 부여하라.
그에게 삶의 의미를 주어
순간이 영원이 되게 하라.

무의식이 바람을 타게 하라.
그 심연을 붙잡아

지금 여기에서
꽃을 피우게 하라.

그것이 바로 내가
살아가는 한 가지 이유인 것.
그 외에 필요한 것이
무엇이 있겠는가?

그가 거기에서 나오시면
다시는 집을 세우지 말라.
그냥 하늘에서
자유를 누리게 하라.

그냥 거기에 있게 하라.
네 손으로 잡으려 하지 마라.
또 하나의 피조물을
만들려 하지 마라.

그 때에 솔로몬이 이르되 여호와께서 캄캄한 데 계시겠다 말
씀하셨사오나. 1 Kings 8:12

12. 솔로몬의 기도

오늘도 당신을 모실
나의 성전을 세웁니다.
한 번에 끝나는 것이 아닌
마지막에 완성될 것이니

영원을 향해 걸어가는
순례의 길속에서
나 자신을 갈고 닦는
거룩한 성전입니다.

세우는 것이 바벨탑이요
만드는 것이 우상의 도구이니
그것은 세우는 것이 아니라
찾아가는 것이 아닐까요?

어디나 당신이 계시오니
그 앞에 무릎을 꿇고
경외의 마음으로
경배를 드립니다.

당신이 계신 곳에서
당신의 임재 속에

당신과 함께
노래를 부릅니다.

내 마음을 드립니다.
내 마음에 모십니다.
여기가 당신이 계시는
진정한 성전이오니

생명의 신비 속에서
영원히 침잠하는
그곳이 당신의 자리입니다.

그와 내가 손을 잡고
우리로 하나 되어
사랑을 이루는 그곳에
당신은 거기 계십니다.

솔로몬이 여호와의 제단 앞에서 이스라엘의 온 회중과 마주서
서 하늘을 향하여 손을 펴고. 1 Kings 8:22

13. 마친 때에

모든 것을 끝낸 후
내 자리에 앉았을 때.
그때 그가
거기에 오셨다.

마음을 여니
그가 보였다.
언제나 계셨던 그 자리에
그가 자신을 나타내셨다.

계시를 받는다는 것은
언제나 계시는 그를
우리 마음에
받아들이는 것이다.

하여 우리가
마음을 닦는 것은
그를 보기 위함인 것이고
그를 받아들인다는 것이니

천년을 갈고 닦고
수없는 밥을 먹어도

그를 보지 못한다면
무엇을 위함인 것인가?

날마다 내 자리에 앉는다.
거기까지 나는
나의 삶을 마친 것이다.

오늘도 내 자리에 앉는다.
여기까지 나는
나의 삶을 살아온 것이다.

후회도 없고 여한도 없으니
영겁의 미소를 지으며
그에게로 돌아간다.
나를 받아주소서!

솔로몬이 여호와의 성전과 왕궁 건축하기를 마치며 자기가 이
루기를 원하던 모든 것을 마친 때에. 1 Kings 9:1

14. 구하는 것

네가 바라는 것이 그것이었던가?
너의 소원이
어떤 일을 일으킬 줄을
그대는 아는 것인가?

너의 왕국과
너의 역사에
하늘의 바람을
흐르게 할 것인가?

그것이 너의 사랑인 것인가?
그래, 그렇다면 우리의 역사에
하늘이 들어오게 하자.
하늘이 역사를 일으키게 하자.

우리의 만남으로
불꽃이 일어나게 하자.
그리하여 우리의 후대에
사랑의 위대함이 나타나게 하자.

하늘의 사랑으로
오늘의 우리가 있고

우리의 사랑으로
우리의 왕국이 세워질 것이니

우리는 그 문을 여는
첫 사람이 될 것이다.
우리가 그 역사를
시작하는 것이다.

다만 우리의 사랑이
끊어지지 않게 하자.
영원히 마르지 않는
샘물이 흐르게 하자.

너는 너의 길을 갈 것이고
나는 나의 길을 갈 것이지만
세상을 마치는 그 날에 우리는
미소를 지으며 하늘로 돌아갈 것이다.

솔로몬 왕이 왕의 규례대로 스바의 여왕에게 물건을 준 것 외
에 또 그의 소원대로 구하는 것을 주니 이에 그가 그의 신하들
과 함께 본국으로 돌아갔더라. 1 Kings 10:13

15. 그의 얼굴

꽃이 피는 곳에
벌 나비가 모여들고
먹을 것이 있는 곳에
생명은 모여든다.

살라는 명령.
그러나 올바로 살지 않으면
하루를 살아가는
생명이란 무엇인가?

그렇게 살고 싶지 않다.
밥만 죽이고
똥만 만드는
쓰레기이고 싶지는 않다.

지금 여기에서
지혜를 담아내
생의 명을 나누는
현자가 되고 싶다.

지식의 물을 퍼 올려
메마른 땅을 적시는

두레박이 필요하다.
내가 그것이 되어야 한다.

이것을 위해 오늘도 나는
구원의 길을 찾아
순례의 길을 따르며
순명의 길을 걷는다.

지혜가 있는 곳에
사람들은 찾아오는 것.
지혜란 생각을 꿰뚫는 통찰을
마음에 담아내는 것이다.

속이 깊어
영원히 마르지 않는
생명의 그릇이 되고 싶다.
그 물을 길어 영혼을 나누고 싶다.

온 세상 사람들이 다 하나님께서 솔로몬의 마음에 주신 지혜
를 들으며 그의 얼굴을 보기 원하여. 1 Kings 10:24

16. 돌아서게

이제 하늘에
올라야 한다.
그만 세상의 숨을
멈추어야 한다.

살면 살수록
오르면 오를수록
더 짙어지는
욕망의 무게.

무엇을 위해
무엇을 바라며
이 길을 걸어서
목숨을 유지할 것인가?

이제 그만 걸음을 멈추고
내 자리에 앉아야 한다.
그가 나를 부르시니
그에게로 돌아가야 한다.

세월의 흐름을 뚫고
바람 속에서 들리는

그의 소리를
들어야 한다.

시간 속에서
영원을 향해
길을 걸어가는
그 모습을 남겨야 한다.

지금이라도
그의 길을 걸어야 한다.
무조건 자리에 앉아
삶을 멈추어야 한다.

하늘이 아니면
희망이 없고
빛이 아니면
구원이 없을 터.

왕은 후궁이 칠백 명이요 첩이 삼백 명이라. 그의 여인들이 왕
의 마음을 돌아서게 하였더라. 1 Kings 11:3

17. 여로보암

나도 할 일이 있을까?
나의 역사는 무엇일까?
내가 이것을 해야 되는 것일까?
쓸데없는 짓을 하는 것은 아닐까?

그의 뜻은 어디에 있는 것일까?
이대로 조용히 끝날 수는 없다.
나의 할 일을 해야 한다.
나도 기름부음을 받았다.

그것은 나의 것이다.
그가 나에게
열 조각을 찢어주었다.
내가 그것을 감당해야 한다.

나도 잘 할 수 있다.
나를 통한 하늘의 뜻도 있다.
이제 나도 일어서야 한다.
마지막까지 최선을 다해야 한다.

역사의 한 페이지를 남겨야 한다.
나의 삶은 내가 책임져야 한다.

적어도 나의 숨은
내가 쉬어야 한다.

씨가 따로 있는 것은 아니다.
누구에게나 기회는 주어진다.
다만 누가 그 기회를
움켜쥐느냐 하는 것.

끝까지 도전하는 자에게
역사는 문을 열어줄 것이다.
이루어질 때까지
반복하는 것이다.

때가 오면
과감히 떨치고 일어나
역사의 수문을 바꾸는 것이다.
그리고 나머지는 하늘에 맡기는 것이다.

여로보암에게 이르되 너는 열 조각을 가지라. 이스라엘의 하나
님 여호와의 말씀이 내가 이 나라를 솔로몬의 손에서 찢어 빼
앗아 열 지파를 네게 주고. 1 Kings 11:31

18. 르호보암

새 시대를 열어야 한다.
덕치가 무엇이고
협치가 무엇이냐?
흔들리면 안 된다.

권위를 가지고
밀어부쳐야 한다.
뒤로 밀리면
계속 지게 된다.

어리석은 군중들을
올바로 인도해야 한다.
누가 그것을
책임질 수 있겠는가?

늙어빠진 노인네들은
시대에 뒤떨어진다.
역사의 물꼬는
우리가 바꿔야 한다.

힘도 없고
뒷담화나 까는

그들의 말을
들을 필요가 없다.

선원이 많으면
배가 산으로 올라간다.
힘이 있어야 하고
우리끼리 뭉쳐야 한다.

그냥 지나가지 말고
일벌백계로 다스려야 한다.
풀어주면 대가리까지 올라온다.
한 번 물러서면 다 무너진다.

내 엄지손가락은
너희 허리보다 굵고
나에게 대항하는 자들은
채찍으로 다스릴 것이다.

왕이 노인들이 자문하는 것을 버리고 자기 앞에 모셔 있는 자
기와 함께 자라난 어린 사람들과 의논하여. 1 Kings 12:8

19. 올라가지 말라

언제나 거기까지
하늘의 뜻이다.
지나온 것에 묶여
뒤로 물러나지 말라.

거기의 시점에서
앞으로 나아가라.
살아갈 것을
생각해야 한다.

과거에 묶여
거기의 사람이 되지 말고
앞길을 바라보는
현재의 사람이 되어야 한다.

꿈을 가지되 그 꿈이
현재의 기반에 서야 한다.
지금에 충실하지 않고서
어찌 앞날을 이루겠느냐?

이렇게 하는 것이
하늘의 뜻이라면

그것을 받아들이고
미련을 갖지 말라.

지금 여기에서
하늘의 뜻을 이루라.
그러면 그때 거기에서
하늘이 이루어지리라.

한 번 틀어졌다면
억지로 돌이키려 하지 말고
너의 자리에서
침묵으로 들어가라.

조용히 하늘 뜻을 기다리며
입을 다물라.
함부로 움직이지 말고
하늘의 뜻에 너를 맡기라.

여호와의 말씀이 너희는 올라가지 말라. 너희 형제 이스라엘
자손과 싸우지 말고 각기 집으로 돌아가라. 이 일이 나로 말미
암아 난 것이라 하셨다 하라. 1 Kings 12:24

20. 너희의 신

그 생각을 잊게 해야 한다.
예루살렘에 마음을 줄 수가 없다.
여기에서 모든 것을 끝내야 한다.

거기에 가야만
은혜가 있는 것은 아니다.
하늘은 어디에나 있다.
내가 있는 곳이 하늘이다.

사람들은 자기가
머리 숙이는 것을 닮아가고
몸이 가는 곳에
생각이 머물게 된다.

그곳에 올라가지 못하도록
이곳에 성소를 세워야 한다.
마음을 가로막는
장벽을 쳐야 한다.

이 사람들은
보아야 섬길 수 있고
보아야 믿을 수 있다.

무엇이든 만들어야 한다.

상징과 실재를 구별하지 못한다.
상징은 실재를 가리키는 것이고
실재는 상징으로
이해가 되는 것이거늘.

그러하니 어찌하겠는가?
그것을 만들어야 주어야 한다.
자기의 수준대로 살아가는 것이고
거기까지 믿을 수가 있는 것이다.

금물을 들이면 된다.
축복을 보여야 한다.
화려하고 빛나는 곳에
마음을 빼앗길 것이다.

이에 계획하고 두 금송아지를 만들고 무리에게 말하기를 너
희가 다시는 예루살렘에 올라갈 것이 없도다. 이스라엘아, 이
는 너희를 애굽 땅에서 인도하여 올린 너희의 신들이라. 1 Kings
12:28

21. 잡으라

그렇게 하여
너의 왕국을 지탱하려느냐?
하늘이 허락지 않으면
한 순간에 무너지리라.

먼저 하늘의 뜻을
구해야 하지 않겠느냐?
하늘의 뜻이 아니라면
모래의 성이 되리라.

무엇을 위해
너의 왕국을 유지하려느냐?
너를 위해 쌓은 제단이
네 앞에서 갈라지리라.

네 위에 분향하는 자들을
제물로 바치게 될 것이요
그들의 뼈를
거기에 불사르리라.

하늘이 노하시면
무서운 날이 오게 되리라.

천지의 개벽을
아무도 막을 수 없으리라.

네가 나를 막겠느냐?
하늘의 뜻을 거스르겠느냐?
영원한 형벌을 받으리라.
돌이킬 수 없으리라.

그때에는 차라리
죽은 자가 복이 있다 하리라.
메마른 땅에
사무친 곡성이 가득하리라.

하늘에는 비가 그치고
태양은 흑암에 가려
빛을 볼 수 없으리라.
아무런 희망도 찾아볼 수 없으리라.

여로보암 왕이 하나님의 사람이 벧엘에 있는 제단을 향하여
외쳐 말함을 들을 때에 제단에서 손을 펴며 그를 잡으라 하더
라. 그를 향하여 편 손이 말라 다시 거두지 못하며. 1 Kings 13:4

22. 회복

다시는 함부로
손을 들지 않겠습니다.
당신의 역사를
눈으로 보았습니다.

다시는 함부로
말하지 않겠습니다.
한 번 뱉은 말은 돌이킬 수 없으니
꿈틀거리는 뱀처럼 나를 물고 늘어집니다.

다시는 함부로
소리치지 않겠습니다.
조용히 침묵으로
당신 곁에 서겠습니다.

다시는 함부로
화를 발하지 않겠습니다.
앞뒤를 분별하여
당신의 자리에 앉겠습니다.

나는 여기까지입니다.
나를 버리지 마옵소서!

그래서 하지 않겠다고
내가 말하지 않았습니까?

나를 용서하소서!
나의 잘못을 회개합니다.
이제 당신께로 갑니다.
나를 놓아주소서!

그만 더러운 숨을 멈추고
구차한 삶을 버립니다.
나의 육신을 벗고
당신의 하늘에 오르겠습니다.

다시 한 번만
생명의 기회를 주십시오.
그리하시면 나의 열매를
당신 앞에 드리겠습니다.

왕이 하나님의 사람에게 말하여 이르되 청하건대 너는 나를
위하여 네 하나님 여호와께 은혜를 구하여 내 손이 다시 성하
게 기도하라. 하나님의 사람이 여호와께 은혜를 구하니 왕의
손이 다시 성하도록 전과 같이 되니라. 1 Kings 13:6

23. 상수리나무 아래에서

자리에 앉으니
소리가 들려온다.
빛이 있으라.
그리고 나를 만드셨다.

따 먹으라.
분명히 먹을 게 있고
먹지 않아야 할 게 있다.
다 먹을 수 없고 다 가질 수 없다.

받아 먹으라.
준다고 다 먹을 수는 없는 것인데
사랑하는 여자와
운명을 같이 했다.

네가 어디에 있느냐?
양심을 어기면
죄는 스믈스믈 넘어 들어와
마음에 자리를 잡는다.

네 형제가 어디에 있느냐?
어찌하여 형제가 잘 되면

이렇게 배가 아픈 것인가?
이것은 어디에서 나오는 것인가?

네 본토 친척 아비 집을 떠나
내가 네게 지시하는 땅으로 가라.
떠나야 한다.
그래서 순례의 길을 걸어야 한다.

나는 스스로 있는 자니라.
네 손에 있는 것이 무엇이냐?
무엇을 구하느냐?
네가 어디로 가느냐?

이 돌들로 떡이 되게 하라.
성전 꼭대기에서 뛰어내리라.
나에게 엎드려 경배하라.
세상의 모든 권세를 너에게 주리라.

하나님의 사람을 뒤따라가서 상수리나무 아래에 앉은 것을 보
고 이르되 그대가 유다에서 온 하나님의 사람이냐? 대답하되
그러하다. 1 Kings 13:14

2 장

투쟁

24. 누구든지

아무 자리나
함부로 앉지 말라.
네가 앉아야 할
그 자리에 앉으라.

아무에게나
가까이 하지 말라.
거룩한 길을 걸어가는
수행자 옆에 서라.

아무것이나
함부로 먹지 말라.
너의 수행에 필요한
소량의 것만 먹으라.

아무 곳이나
오르지 말라.
너의 시야를 열어주는
너의 하늘을 바라보라.

쉴 곳에만 머물고
깨끗한 것만 먹으라.

네 영혼이 상하면
무슨 유익을 얻겠느냐?

너의 자리를 위하여
파당을 조성하지 말라.
같은 사람만 찾으면
다른 세계는 볼 수가 없다.

너의 사람이라고
네 옆에 앉히지 말라.
앉힐 사람을 앉히고
감당할 직분을 맡기라.

십년을 유지할
너의 자리가 아니라
백년을 열어갈
너의 앞날을 생각하라.

여로보암이 이 일 후에도 그의 악한 길에서 떠나 돌이키지 아
니하고 다시 일반 백성을 산당의 제사장으로 삼되 누구든지
자원하면 그 사람을 산당의 제사장으로 삼았으므로. 1 Kings
13:33

25. 다른 신

그것을 따르겠느냐?
순간의 열락을 쫓아
불 속으로 뛰어들겠느냐?
너의 영혼을 불살라 버리겠느냐?

영원의 진리를
떡 한 조각에 팔아먹겠느냐?
성화와 수행의 길을
욕망으로 버리겠느냐?

하늘의 형상을
금수와 바꾸겠느냐?
먹고 싸는 것이
너의 전부인 것이더냐?

구도의 길을 버리고
세상의 길을 따르겠느냐?
영원의 길을 떠나서
허망의 길을 쫓겠느냐?

그쪽으로 열심히 걸어가 보라.
열심히 멸망으로

떨어지게 되리라.

그것도 너의 선택일 것이니
너는 너의 길을 걸으라.
나는 나의 길을 걸으리라.

네가 만든 너의 악이
너를 멸망으로 이끌리라.
네가 세운 우상의 탑이
네 위에 무너지리라.

네가 나를 버렸으니
나도 너를 버리리라.
다시는 돌이킬 수 없으리라.
거기에서 슬피 울며 이를 갈게 되리라.

네 이전 사람들보다도 더 악을 행하고 가서 너를 위한 다른 신을 만들며 우상을 부어 만들어 나를 노엽게 하고 나를 네 등 뒤에 버렸도다. 1 Kings 14:9

26. 갈대

하늘의 뜻을
이루는 사람이 있고
하늘의 뜻을
버리는 사람이 있다.

하늘은 그들에게
그 시대를 맡긴다.
그 시대의 역사는
자기가 써내려간다.

사람들은 모두
자기의 역사를 쓴다.
그대는 지금
어떤 역사를 쓰고 있는가?

든든히 뿌리박은
백향목이 있고
물에서 흔들리는
갈대가 있다.

갈대도 모이면
하나의 배가 되겠지만

그 흔들리는 역사가
얼마나 가겠는가?

하여 우리는
보이는 영화의 탑이 아니라
보이지 않는
진리의 탑을 쌓아야 한다.

결국 자기의 무덤은
자기가 파는 것.
무덤에서 일어나는 자가 있고
무덤으로 들어가는 자가 있다.

지금은 어떠한 시대인가?
시대를 알고
시대를 이끌어가는
현명한 자들이 필요하다.

여호와께서 이스라엘을 쳐서 물에서 흔들리는 갈대 같이 되게
하시고 이스라엘을 그의 조상들에게 주신 이 좋은 땅에서 뽑
아 그들을 강 너머로 흩으시리니 그들이 아세라 상을 만들어
여호와를 진노하게 하였음이라. 1 Kings 14:15

27. 그 일

한 가지 그 일이 중요하다.
평생 씻지 못할 한 가지 죄악.
그 한 가지 일로 구원을 받고
그 한 가지 일로 멸망을 받는다.

하와는 선악과를 따먹었다.
한 가지 금기된 그것까지
그렇게 먹어야 되었던 것인가?
오늘도 뱀은 귀에 속삭이고 있다.

아담은 이브가 건네준
그 선악과를 받아먹었다.
때때로 그도 먹고 싶었겠지.
다만 그 때가 찾아온 것이다.

가인은 하나밖에 없는
자기의 동생을 쳐 죽였다.
마음을 다스리지 않으면
언제나 가능성은 열려 있다.

아브라함은 목숨이 아까워
아내를 팔아먹었다.

아브라함의 고귀한 믿음은
지금 어디로 갔는가?

이것은 그의 아들,
이삭에게까지 내려갔다.
자녀들은 항상 본대로 행한다.
우리는 그것을 알고 행해야 한다.

야곱은 아버지를 속이고
에서의 축복을 빼앗았다.
빼앗지 않으면 먹히는 것.
이것이 그의 생활 신조였다.

모세는 반석에게 명하지 않고
지팡이로 쳐서 물을 냈다.
말한다고 물이 나오겠는가?
이것이 그의 믿음이었다.

이는 다윗이 헷 사람 우리아의 일 외에는 평생에 여호와 보시
기에 정직하게 행하고 자기에게 명령하신 모든 일을 어기지
아니하였음이라. 1 Kings 15:5

28. 태후

여자여, 어찌하여
그런 일을 하였습니까?
보이는 우상에 눈이 멀어
하늘의 뜻을 저버렸습니까?

우리를 택하여 이 자리에 올린 것은
하늘의 뜻을 이루기 위함이 아니었습니까?
당신을 부르신 하늘의 뜻은 어디로 갔습니까?

외모를 치장하고 화려한 옷을 입음이
당신의 삶의 목적이었습니까?
물위에 뜬 부평초처럼 그렇게
권력의 언저리를 헤매야 했습니까?

현자들의 충언을 외면하고
간신들의 속삭임에 놀아났습니까?
시대를 꿰뚫고 흐르는 역사의 통찰이
들려오지 않았습니까?

당신의 자리를 위하여
천년의 성을 쌓겠습니까?
추종자들을 한데 모아

음모를 꾸미겠습니까?

손바닥으로 하늘을
가릴 수 있겠습니까?
도도하게 흐르는 역사의 강물을
막을 수 있겠습니까?

여자여, 둑을 트세요.
자리에서 내려와 재를 뒤집어쓰세요.
하늘 앞에 잘못을 고백하고
물러가 용서를 비세요.

나를 욕하지 마세요.
이것이 진정으로 당신을 위한 길이기에
이렇게 할 수밖에 없음을 용서해주세요.

또 그의 어머니 마아가가 혐오스러운 아세라 상을 만들었으므
로 태후의 위를 폐하고 그 우상을 찍어 기드론 시냇가에서 불
살랐으나. 1 Kings 15:13

29. 아사

적의 손을 빌어
원수를 치려고 한다.
그렇다면 그대는
그 후의 일까지 생각해야 한다.

그것이 절묘한
신의 한 수라고 여기겠지.
그때에는 그것밖에
보이지 않을 것이다.

그러나 그것이 너의 한계인 것이다.
그렇게 해서 그 순간을 이루면
그 다음은 어떻게 하겠느냐?

적어도 우리는
한 치 앞을 보지 못하는 세상에서
다섯 수 앞을 보아야 한다.

순간의 쾌락에 눈이 멀고
당장의 이익을 쫓아간다면
언제나 위태로운 길을
걸어가게 될 것이다.

은금으로 깨어질 약조라면
처음부터 시작하지 않아야 한다.
그 힘을 빌려 역사를 이룬다면
그것이 얼마나 유지될 것인가?

눈을 열어 시대를 바라보라.
지금 여기에서 최선을 다하라.
그리고 그 후의 일은
하늘에 맡기라.

얄팍한 꾀를 부리지 말고
우직하게 정도를 걸어가라.
바른 길을 천천히 가는 것이
사도의 길을 달려가는 것보다 나으리라.

내가 당신에게 은금 예물을 보냈으니 와서 이스라엘의 왕 바
아사와 세운 약조를 깨뜨려서 그가 나를 떠나게 하라. 1 Kings
15:19

30. 예후

해가 뜨면
일어나야 하고
비가 내리면
집으로 들어간다.

일어날 때와
들어갈 때를 알면
시대의 소명을
알 수가 있다.

계시가 내려오면
과감히 일어나야 한다.
누구든지 일어나는 자가
하늘의 뜻을 이루게 된다.

우리는 단지 시대를 이루는
하늘의 도구인 것.
그것을 알고 이루는 자가
그 시대의 주인이 되는 것이다.

진정한 영웅은
마지막에 한 번 일어난다.

선불리 함부로 일어나면
일을 그르치게 된다.

구태여 내가 일어나지 않아도 된다면
그것은 더 깊은 하늘의 뜻이다.
세상이 아니라 하늘로 들어가는 것이
더 큰 뜻이 되는 것.

때가 되었는가?
모든 것을 마쳤는가?
하늘 앞에
여한이 없는가?

그가 거기에서
하늘의 뜻을 이루듯
나는 여기에서
세상의 뜻을 이룬다.

여호와의 말씀이 하나니의 아들 선지자 예후에게도 임하사 바
아사와 그의 집을 꾸짖으심은 그가 여로보암의 집과 같이 여
호와 보시기에 모든 악을 행하며 그의 손의 행위로 여호와를
노엽게 하였음이며 또 그의 집을 쳤음이더라. 1 Kings 16:7

31. 모반

내가 살아야 하기에
그를 죽여야 한다.
이렇게 살다가는
언제 뜻을 이룰지 모른다.

자식은 부모를 죽여야 하고
제자는 스승을 죽여야 한다.
그들이 죽어야 후대가 산다.

권자는 민중을 죽여야 하고
부자는 빈자를 죽여야 한다.
그들의 주검 위에
문명의 꽃이 피어난다.

그렇게 우리의 역사는 흘러간다.
그리고 우리는 역사의
파도를 타야 한다.

그렇지 않으면 시대의
승기를 잡을 수가 없다.
언제까지 뒷전에서
바라볼 수만 없다.

이제 때가 되었다.
한 번 기회를 잡는 것이다.
지금을 놓치면
두 번 다시 오지 않는다.

최후의 승부를
걸어야 한다.
그리고 후회함이 없는
삶을 마쳐야 한다.

간절히 바라면
하늘이 도와줄 것이다.
내 마지막 남은 꿈을
마침내 이루어야 한다.

엘라가 디르사에 있어 왕궁 맡은 자 아르사의 집에서 마시고
취할 때에 그 신하 곧 병거 절반을 통솔한 지휘관 시므리가 왕
을 모반하여. 1 Kings 16:9

32. 7일

그것은 7일 천하였다.
그 자리가 그렇게 탐이 났다.
승리를 얻으면 대박을 치는 것이다.
모든 세상이 다 그렇지 않았던가?

천년 가는 권좌가 없고
백년 가는 영화가 없다 하지만
더러운 이름이라도 남겨야 했다.

하루를 살더라도
그렇게 살고 싶었다.
한 자리를 차지하고
멋지게 살아야 했다.

구차하게 살아남아
무엇을 세상에 남기겠는가?
한 번 승부를 걸어야 했다.
진검을 빼들어야 했다.

오는 것은 시간이요
가는 것은 세월이니
이것에 실패하면

끝나는 것이었다.

이 기회를 놓치면
가문이 멸망하고
영원히 씻지 못할 오명을
남기는 것이었다.

뒤를 돌아보니
후회만 남았고
앞을 바라보니
캄캄한 어둠이었다.

하늘을 바라보니
회한의 삶이요
걸어온 길을 생각하니
여한만 남는 것이었다.

유다의 아사 왕 제 이십칠 년에 시므리가 디르사에서 칠일 동
안 왕이 되니라. 그때에 백성들이 블레셋 사람에게 속한 깁브
돈을 향하여 진을 치고 있더니. 1 Kings 16:15

33. 절반

다 가질 것 없다.
절반만 생각하면 된다.
어차피 절반을 가지고
통치하는 것이다.

다 좋을 순 없다.
절반만 좋으면 된다.
나누어서 다스리면 된다.
나를 따르는 사람들만 보면 된다.

하나가 되면 안 된다.
그들이 힘을 합하면
내가 다스릴 수가 없다.
그들이 나를 내쳐버릴 것이다.

절반의 내 편이 있으면
그들이 나를 막아줄 것이다.
그들이 나뉘어
갈라질 것이다.

협치는 좁치다.
다 생각할 필요가 없다.

나를 따르는 그들과
함께 하면 된다.

나를 욕하는 자들은
어디나 있게 마련.
항상 분할하고
나누어야 한다.

그들이 나의 희망이다.
절반이 나를 따르지 않는가?
나를 따르는 그들에게
눈물이 날뿐이다.

눈물의 동정을 구하고
위기를 조성하는 것이다.
군중은 그렇게 하면 된다.
공포를 주면 겁을 먹게 될 것이다.

그때에 이스라엘 백성이 둘로 나뉘어 그 절반은 기낫의 아들
디브니를 따라 그를 왕으로 삼으려 하고 그 절반은 오므리를
따랐더니. 1 Kings 16:21

34. 사마리아

여기에 나의 점을 찍는다.
이제 나의 성읍을 세워야 한다.
여기에서 역사를 일으켜야 한다.
모든 것은 점에서 시작된다.

점을 어디에 찍느냐?
그것이 중요하다.
그 점에서
역사가 일어난다.

여기에서 어떤 역사가
일어날지는 아무도 모른다.
그저 나는 그 점을
시작하는 것이다.

나머지는
너희가 하는 것이다.
나는 그저 하나의
주사위를 던질 뿐.

그렇게 너의 점을 통해서
너의 역사를 열어가는 것이다.

그것까지 내가 해줄 수는 없다.

미래는 나의 영역이 아니다.
그것은 우리의 희망일 뿐.
그 추동의 힘을 가지고
오늘을 살아가는 것이다.

피를 흘릴 것인지,
평화를 이룰 것인지는
깨어있는 사람들의
시대적 과제이다.

힘을 모아야 한다.
생명의 불을 일으켜야 한다.
그리고 그것을 바라보며
묵묵히 길을 걸어가야 한다.

그가 은 두 달란트로 세멜에게서 사마리아 산을 사고 그 산 위
에 성읍을 건축하고 그 건축한 성읍 이름을 그 산 주인이었던
세멜의 이름을 따라 사마리아라 일컬었더라. 1 Kings 16:24

35. 오므리

인간답게 살기를
포기한 사람.
이름을 남기는 것도
가지가지다.

악한 행실로
이름을 떨친다.
인생을 살아가는 것도
여러 가지다.

복을 준다고 하면
무조건 머리를 숙인다.
예배를 드리는 것도
참으로 많다.

주는 것이라면
무엇이든 받는다.
공짜라면 양잿물도
큰 것으로 먹는다.

먹는 것이라면
무엇이든 먹는다.

먹고 죽은 귀신이
때깔도 좋다.

자리가 주어지면
일단 앉고 본다.
자리에 앉으면 분명히
떡고물이 있을 것이다.

밑 빠진 독처럼
끝없는 갈증이
입을 벌리고 있다.

더 이상 악할 수 없다.
마지막까지 가는 것이다.
욕망의 마음을 멈출 수가 없다.
이제 하늘이 역사를 해야 한다.

오므리가 여호와 보시기에 악을 행하되 그 전의 모든 사람보
다 더욱 악하게 행하여. 1 Kings 16:25

36. 아합

정치란 통치다.
다스린다는 것이
그렇게 쉬운 게 아니다.
너희도 한 번 해 보라.

백성들의 시선을
사로잡아야 한다.
그들은 무엇을 보고 있는가?
그 시선을 묶어놓아야 한다.

정신을 못 차리게
몰아부쳐야 한다.
배부르고 등 따시면
헛된 생각만 하게 될 것이다.

먹을 것만 주면 된다.
그 속에서 헤매게 해야 한다.
다른 생각을 하지 못하도록
혼미한 사건들을 터뜨려야 한다.

사람들은 강한 것에
굴복하게 마련이다.

강한 것에서
먹을 것이 나오는 법.

그럴듯하게 보여야 한다.
사람들은 그런 것에
머리를 숙이게 된다.
권위를 가져야 한다.

배신의 정치는
철저하게 파괴해야 한다.
빈틈을 보이면 안 된다.
다시는 일어서지 못하게 해야 한다.

권력의 화려함을
보여 주어야 한다.
머리를 숙이는 자가 받는 영광에
자신을 던지게 해야 한다.

느밧의 아들 여로보암의 죄를 따라 행하는 것을 오히려 가볍게 여기며 시돈 사람의 왕 엣바알의 딸 이세벨을 아내로 삼고 가서 바알을 섬겨 예배하고. 1 Kings 16:31

37. 엘리야

항상 하나님 앞에 서있는 사람.
그에게 둘은 없다.
모두 그 안에서
하나가 된다.

자기의 말이 아니고
자기 확신이 아니라
하늘이 주신 말씀을 외치는 사람.
그의 말로 회개의 역사가 일어난다.

생명과 영혼을
진심으로 사랑하는 사람.
타인의 생명을 밟는 자는
자기의 영혼을 밟는 것이다.

날마다 시퍼런 영성을 갈고 닦는 사람.
하루라도 소홀하면
그 칼에 녹이 슨다.
더러운 욕심을 잘라내야 한다.

때로 좌절하고
캄캄한 현실에 절망하지만

다시 일어서서 하늘의 길을 걷는 사람.
살아있는 역사를 쓴다.

권력 앞에 비굴하지 않고
소유를 부러워하지 않으며
약한 자의 친구가 되는 사람.
그들을 자기의 생명처럼 사랑하는 사람.

언제나 귀가 열려있어
하늘의 계시가 내려오는 사람.
그의 통찰로 무지를 인식하게 되고
다시금 겸손하게 하늘 앞에 서게 한다.

그의 말로 하늘이 닫히고
그의 선포가 그대로 이루어지니
말 한 마디도 허투루 할 수가 없다.
죄악의 가지를 잘라내야 한다.

길르앗에 우거하는 자 중에 디셉 사람 엘리야가 아합에게 말
하되 내가 섬기는 이스라엘의 하나님 여호와께서 살아 계심을
두고 맹세하노니 내 말이 없으면 수 년 동안 비도 이슬도 있지
아니하리라 하니라. 1 Kings 17:1

38. 대결

정면을 직시한다.
뒤로 물러가지 않는다.
조용히 미소를 짓는다.
하늘의 소리가 들려온다.

너는 내 안에 있다.
내가 너를 불렀다.
너를 통해
나의 일을 한다.

모든 두려움은 내 안에 있다.
하늘이 내 안에 있는데
하늘이 나와 함께 하는데
무엇이 두려운 것인가?

이 믿음으로
오늘까지 살아왔다.
너무 많이 살아왔다.
아무런 여한이 없다.

이것을 위해 내가 여기에 있다.
이미 죽음을 넘어섰다.

아무런 두려움이 없다.

지금까지 살아온 것도
너무 많이 살았다.
하늘의 손에 모든 것이 있다.
나머지는 하늘이 하실 것이다.

나의 말로 불을 일으켜야 한다.
불을 일으키지 못한다면
그 말을 불에
던져버려야 한다.

나는 그저 그가 주신
말을 하는 것일 뿐.
나머지 일은
그가 하실 것이다.

저녁 소제 드릴 때에 이르러 선지자 엘리야가 나아가서 말하
되 아브라함과 이삭과 이스라엘의 하나님 여호와여, 주께서 이
스라엘 중에서 하나님이신 것과 내가 주의 종인 것과 내가 주
의 말씀대로 이 모든 일을 행하는 것을 오늘 알게 하옵소서! 1
Kings 18:36

39. 로뎀 나무

위로부터
위로가 내려온다.
내가 바라볼 것은
그것 밖에 없다.

그가 만지시니
눈물이 난다.
마음이 안정되고
영혼이 시원하다.

사랑이 담긴 음식이
조금만 있으면 된다.
배를 두드리며
먹을 필요가 없다.

진정 필요한 때
먹을 수 있는 한 그릇의 밥.
목말라 기진할 때 건네주는
한 잔의 생수.

그 손길이 있어
오늘을 살아내고

그 마음이 있어
외로움을 견뎌낸다.

손을 씻는다.
먹을 때는 맛있게 먹어야 한다.
먹을 수 있다는 것이
은혜가 아닌가?

일어나서 다시 시작해야 한다.
묵묵히 길을 가다보면
하늘의 때가
찾아올 것이다.

그리고 그때는
나의 하늘에 올라
영원을 누리게 될 것이다.
완성의 기쁨을 누릴 것이다.

로뎀나무 아래에 누워 자더니 천사가 그를 어루만지며 그에게
이르되 일어나서 먹으라 하는지라. 1 Kings 19:5

40. 세미한 소리

어디에나 소리는 있다.
지진 속에도 있고
바람 속에도 있다.
천지에 가득하다.

생명과 함께하여
하늘에 오르고 싶어
준비된 자에게 내려오고
열린 자에게 들려온다.

기다리지 않으니
찾아올 수가 없고
자기로 가득하니
들어올 곳이 없다.

자리에 앉아야 한다.
세상이 분요하니
하늘의 소리가
들리지 않는다.

이 마음의 소리가
어떠한 소리인가?

자기의 소리인가?
하늘의 소리인가?

거짓 확신과
욕망이 가득하니
하늘의 소리를
들을 수 없다.

소리를 찾아
길을 떠난다.
오늘은 나에게
어떤 소리가 들려올까?

그가 거기에 계셨다.
태초의 소리로
열린 마음으로
우리를 기다리고 계셨다.

또 지진 후에 불이 있으나 불 가운데에도 여호와께서 계시지
아니하더니 불 후에 세미한 소리가 있는지라. 1 Kings 19:12

41. 수종

세상이 어두워
빛이 보이지 않는다.
눈을 감지 말라.
슬퍼하지 말라.

그 속에서도
너의 일이 있을 것.
그저 너의 자리에서
너의 할 일을 하라.

언젠가 하다보면
하늘에 오르리라.
어둠이 물러가고
새날이 오리라.

기다리는 자에게 찾아오고
두드리는 자에게 열리리니
누가 오래까지
참아낼 것인가?

그 일을 해야 한다.
영혼의 노래를 불러

역사가 일어나게 해야 한다.
신명의 풍악을 울려야 한다.

묵묵히 물을 퍼 올려
대지를 적셔야 한다.
하늘을 열어
비를 내리게 해야 한다.

그가 거기에 있으니
나도 거기로 간다.
그가 하늘에 계시니
나는 여기에 있다.

무릎을 꿇고 발을 씻긴다.
눈물을 닦아줄 손길이 있다.
항상 하늘의 뜻을 생각해야 해.
언제나 너는 하늘의 형상이야.

엘리사가 그를 떠나 돌아가서 한 겨릿소를 가져다가 잡고 소
의 기구를 불살라 그 고기를 삶아 백성에게 주어 먹게 하고 일
어나 엘리야를 따르며 수종 들었더라. 1 Kings 19:21

42. 놓으리라

죽일 수 있을 때 죽여야 한다.
항상 기회가 있는 것은 아니다.
네가 죽이지 않으면
네가 죽게 될 것.

버릴 수 있을 때 버려야 한다.
그것이 너를 구원할 수가 없다.
처음에는 그것들이 너의 몸을,
다음에는 너의 영혼을 원할 것이다.

지킬 수 있을 때 지켜야 한다.
언제나 시간이 주어지지 않는다.
몸과 마음은 같이 가는 것.
몸이 약하면 마음도 약해진다.

값싼 동정과 연민은 금물이다.
서로 질질 끌면
서로를 죽이게 되는
비극이 태어나게 된다.

분명히 나아가라.
되는 것은 된다하고

안 되는 것은 안 된다 하라.
그 외의 것은 죄를 짓는 것이다.

네가 앉을 자리를 확실히 하라.
아무 자리나 앉지 말라.
하늘의 뜻이 아니라면
함부로 받아먹지 말라.

눈에 보이는 먹을 것에
마음을 두지 말라.
세상의 화려한 영광에
눈멀지 말라.

눈이 어두우면
영혼도 어두우니
갈 길이 보이지 않으면
무슨 희망이 있겠느냐?

벤하닷이 왕께 이르되 내 아버지께서 당신의 아버지에게서 빼
앗은 모든 성읍을 내가 돌려 보내리이다. 또 내 아버지께서 사
마리아에서 만든 것 같이 당신도 다메섹에서 당신을 위하여
거리를 만드소서. 아합이 이르되 내가 이 조약으로 인해 당신
을 놓으리라 하고 이에 더불어 조약을 맺고 그를 놓았더라. 1
Kings 20:34

43. 이 세벨

자기의 믿음에서
자기의 행위가 나온다.
믿는 대로 바라고
믿는 대로 행한다.

자신의 생각에서
자신의 말이 나온다.
마음에 없는 말이
입으로 나오지 않는다.

본 것이 그것인데
무엇이 나오겠느냐?
들은 것이 그것인데
하늘의 소리가 들리겠느냐?

똑같은 것을 보았다 해도
그것을 하거나
하지 않거나
그것은 자기의 선택이다.

본 대로 하는 사람이 있고
보았으나 그대로

따르지 않는 사람도 있다.

문제는 자기 성찰이다.
하늘을 바라보며 하늘의 뜻을 따르는 자는
보이는 세상을 버리고
하늘로 들어간다.

아, 그래서
하늘로 들어가지 않으면
누구나 지옥으로
들어가는가 보다.

하늘에서 온 자는
하늘의 일을 하고
세상에서 온 자는
세상의 일을 한다.

그의 아내 이세벨이 그에게 이르되 왕이 지금 이스라엘 나라
를 다스리시나이까? 일어나 식사를 하시고 마음을 즐겁게 하
소서! 내가 이스르엘 사람 나봇의 포도원을 왕께 드리리이다.
1 Kings 21:7

44. 너의 피

네가 행한 대로
갚아 주리라.
네가 흘린 피는
네가 거두어야 한다.

네가 말한 대로
이루어 주리라.
지금 너는 무슨 말을
하고 있는 것이더냐?

너의 생각대로
말하게 될 것이니
너의 말이 씨가 되리라.
무슨 씨를 뿌리고 있느냐?

너의 마음을
빼앗기지 말라.
너의 마음에 있는 것이
그대로 나타나게 되리라.

네가 뿌린 대로
거두게 될 것이고

네가 수고한 대로
먹게 될 것이니

함부로 뿌리지 말라.
네가 가는 곳이
그의 발등상이니
차라리 입을 다물라.

쉽게 갖지 말라.
네가 버린 것을
모두 짊어져야 될 것이니
소유도 두려운 것이라.

너의 마음이
그의 가슴이니
마음을 간직하지 못하면
그의 가슴을 찍게 되리라.

너는 그에게 말하여 이르기를 여호와의 말씀이 네가 죽이고
또 빼앗았느냐고 하셨다 하고 또 그에게 이르기를 여호와의
말씀이 개들이 나봇의 피를 핥은 곳에서 개들이 네 피 곧 네 몸
의 피도 핥으리라 하였다 하라. 1 Kings 21:19

45. 대적자

그도 그것을 안다.
욕망을 채우는 열매는
거절할 수 없을 만큼
달콤하다는 것.

그것이 중독이 된다.
그러기에 우리는 항상
자신을 버리는 회개와 끝없는 반복으로
희망의 샘을 파야 한다.

선은 악을 대적하고
악은 선을 대적하니
그 중간지대는 없다.
우린 경계에서 살아간다.

그러니 물러서지 말라.
어디까지 도망을 가겠느냐?
어차피 한 번은
만나야 하는 것.

피할수록 가까워지고
물러설수록 다가온다.

그러나 눈을 뜨면
모든 것이 순간이다.

두려워 숨지 말고
드러내어 맞이하라.
기쁨으로 환영하면
그도 친구가 되리라.

그는 언제나 우리를 찾으신다.
잠깐 숨는다고 해결되는 것이 아니고
대낮의 태양을 가릴 수 없듯이
악을 선으로 감출 수는 없다.

자신의 영혼을 팔아
욕망의 심연을 얻겠는가?
너의 마지막이 어떻게 될지,
아무런 관심이 없는 것인가?

아합이 엘리야에게 이르되 내 대적자여, 네가 나를 찾았느냐?
대답하되 내가 찾았노라. 네가 네 자신을 팔아 여호와 보시기
에 악을 행하였으므로. 1 Kings 21:20

46. 충동

그 마음에
천사와 악마가 있다.
우린 무엇이든 될 수가 있다.
그것은 그의 선택이다.

그도 그 선택을
어찌할 수 없다.
상황이 그를 이끌어가고
마음의 소리가 그에게 들려온다.

하여 자기를 내어놓고
순례의 길을 걷지 않으면
평생 악의 소리를 따라
걸어가게 될 것이다.

들리는 대로
행하게 되니
무슨 소리가
너에게 들리는가?

악이 도를 넘으면
무서운 악마가 되고

마음을 다스리면
누구든 천사가 되니

악에게 대항하지 말고
선으로 악을 이기라.
그리하지 못한다면
차라리 입을 다물라.

일일이 너의 반응을
나타낼 필요가 없다.
입을 열지 아니하면
마음이 드러나지 않는다.

충동하는 대로 따르지 말고
이끄는 대로 걸어가지 말라.
너의 자리에서 서서
하늘의 소리를 분별하라.

예로부터 아합과 같이 그 자신을 팔아 여호와 앞에서 악을 행한 자가 없음은 그를 그의 아내 이세벨이 충동하였음이라.
1 Kings 21:25

47. 겸비

내가 지금 무엇을 하고 있지?
이렇게 사람을 바라보다가
그들의 인정을 받으려다가
모두 위선자가 되었는가 보다.

하늘을 바라보자.
그에게만 구하자.
사람의 영광을 구하지 말고
그들을 바라보지 말자.

조용히 한 줌의 먼지가 되자.
허공에 날리는 바람이 되자.
어차피 먼지에서 왔으니
마침내 먼지로 돌아가자.

세상에 눈을 감고
내면을 바라보자.
타인을 바라보지 말고
영혼의 심연을 바라보자.

네 안에 무엇이 있는가?
너는 어디로 가고 있는가?

지금 무엇을 바라보며
길을 걷고 있는가?

모두가 한낱 꿈이요
나비의 길을 걷고 있는데
이제 때가 되면 꿈에서 깨어나
하늘로 돌아가야 한다.

드러나지 않은 일이 없고
영원히 감추어질 일이 없으니
한 발자국이라도
조심히 걸어야 한다.

악의 심연에 빠지면
영원히 헤어날 수 없다.
아무것도 알지 못하고
수렁에 빠져갈 것이다.

아합이 내 앞에서 겸비함을 보느냐? 그가 내 앞에서 겸비하므
로 내가 재앙을 저의 시대에는 내리지 아니하고 그 아들의 시
대에야 그의 집에 재앙을 내리리라 하셨더라. 1 Kings 21:29

48. 거짓의 영

보인다고 속지 말고
들린다고 믿지 말라.
말한다고 받지 말고
일한다고 가지 말라.

가득한 것은 보이지 않고
영원한 것은 들리지 않으니
진리를 통찰하고
진실을 파악하라.

시간이 흐르면
드러나는 것이니
때가 올 때까지
참고 기다리라.

그리고 그 때가 오면
과감히 박차고 일어나
거기에 네 마음을 놓으라.
너 자신을 거기에 던지라.

어차피 한 번은
던져야 하는 것.
지옥에 던질 것인가?

하늘에 던질 것인가?

한 번 앉으면
쉽게 일어나지 말라.
역사가 일어날 때까지
너의 길을 걸으라.

거짓 영에 속지 말고
악한 영을 분별하라.
준다고 먹지 말고
시킨다고 하지 말라.

열매가 없으면 믿지 말고
세상 영화를 붙잡지 말라.
그냥 너의 자리에서
하늘의 삶을 살아가라.

여호와께서 그에게 이르시되 어떻게 하겠느냐? 이르되 내
가 나가서 거짓말하는 영이 되어 그의 모든 선지자들의 입에
있겠나이다. 여호와께서 이르시되 너는 꾀겠고 또 이루리라.
1 Kings 22:22

49. 최후

적어도 난
이렇게 마치고 싶지는 않았다.
나에게 주어진 일을 다 마치고
의연히 죽음을 맞이하고 싶었다.

하늘이 나를 부르시면
내 자리에 앉아 조용히
하늘로 돌아가고 싶었다.
한줌의 먼지가 되고 싶었다.

아무런 미련을 남기지 않고
아무런 여한도 없이
머리를 풀고 싶었다.
다 이루고 싶었다.

고요한 미소를 띠우며
일생 나를 지탱해온
내 육신을 버리고 싶었다.
그것이 우리 모두의 바람이지 않은가?

조금의 실수가 있고
약간의 잘못이 있어도

최선을 다해 살았다면
나머진 할 수 없지 않은가?

하늘이여, 나를 받으시라!
이제 구차한 목숨을 버리고
나, 당신께 돌아가
당신의 품으로 들어가오니

당신의 문을 열으시라!
한줌의 흙이 되어
영겁의 바람에
날리게 하시라!

아무것도 남기지 않고
모두 이 땅에 버리게 하시라.
다만 당신 앞에
내 한 가지 소원만 남기게 하시라.

이 날에 전쟁이 맹렬하였으므로 왕이 병거 가운데 붙들려 서
서 아람 사람을 막다가 저녁에 이르러 죽었는데 상처의 피가
흘러 병거 바닥에 고였더라. 1 Kings 22:35

3 장

계승

50. 물음

나에게 물어보지 말라.
어차피 네 생각대로 할 것을.
마음에 정한 것을
말하는 것이 아닌가?

나에게 묻는 척하지 말라.
네 생각을
내 생각으로
합리화시키지 말라.

차라리 네 이야기라고 하라.
그러면 거짓말하는 죄는
범하지 않는 것이고
위선자는 되지 않는 것이겠지.

네가 생각해서
네가 판단해서
가장 좋을 것을 선택하라.
그리고 그 책임은 네가 지는 것이다.

아니면 차선의 것을 택하라.
다 좋을 수는 없는 것이지.

그것을 바랄 수도 없는 것이고
너의 최선을 다하면 되는 것이다.

다만 너를 부르신
하늘의 뜻을 생각하라.
네가 세상에 남길
그 이름을 생각하라.

그리고 하늘 앞에
부끄럽지 않을 그 길을
조용히 걸어가는 것이다.
그것을 위해 기도하는 것이다.

네 자신 안에
다 있는 것인데
무엇에게 손을 빌고
물어보는 것이더냐?

네가 사자를 보내 에그론의 신 바알세붑에게 물으려 하니 이
스라엘에 그의 말을 물을 만한 하나님이 안계심이냐? 그러므
로 네가 그 올라간 침상에서 내려오지 못할지라. 네가 반드시
죽으리라. 2 Kings 1:16

51. 엘리사

당신의 곁을
내가 지키겠습니다.
당신의 옆에
내가 있겠습니다.

당신이 가는 곳에
내가 갈 것이고
당신이 있는 곳에
내가 있겠습니다.

당신의 마지막을
내가 함께 하겠습니다.
당신이 어디로 가시든지,
내가 따르겠습니다.

당신의 숨을 내가 쉬겠고
당신의 길을 내가 걷겠습니다.
당신의 발에 내 입을 맞추며
당신의 언저리에 서있겠습니다.

당신의 바라보는 곳을
내가 바라보며

당신의 앉던 곳에
내가 앉겠습니다.

당신의 향기를 맡으며
당신의 음성을 들음이
나의 기쁨이요
나의 소원입니다.

언제나 당신과 함께
주어진 길을 걸으며
당신과 함께 영원의
그 길을 걷겠습니다.

나는 혼자가 아닙니다.
이제 혼자가 되었습니다.
그곳에 당신이 계십니다.
당신의 소리로 가득합니다.

엘리야가 또 엘리사에게 이르되 청하건대 너는 여기 머물라.
여호와께서 나를 요단으로 보내시느니라 하니 그가 이르되 여
호와께서 살아계심과 당신의 영혼이 살아있음을 두고 맹세하
노니 내가 당신을 떠나지 아니하겠나이다. 2 Kings 2:6

52. 갑절

나를 밟고 넘어
새로운 세계로 들어가라.
내 밑에 있지 말고
내 위로 올라가라.

내 살을 뜯어 먹고
하늘의 생명을 얻으라.
내 피를 마시고
진리의 꽃을 피우라.

거기에서 멈추지 말라.
앞으로 나아가라.
갑절의 영감을 얻으라.
그것이 나의 소원이다.

비가 내려야
구름이 사라지고
눈이 내려야
하늘이 맑아지니

내리지 않고
어찌 땅을 적실 수 있으며

사라지지 않고 어떻게
하늘로 갈 수 있겠느냐?

태양이 떠오르면
안개가 사라지니
자아가 사라져야
하늘이 열리리라.

나는 오늘도
땅으로 내려가
무덤으로 들어가니
마음의 문을 열라.

너의 문을 열어
나를 맞이하라.
내가 들어갈 수 있도록
너의 성소를 비우라.

엘리야가 엘리사에게 이르되 나를 네게서 데려감을 당하기
전에 내가 네게 어떻게 할지를 구하라. 엘리사가 이르되 당신
의 성령이 하시는 역사가 갑절이나 내게 있게 하소서! 2 Kings
2:9

53. 네가 보면

그것이 그렇게
쉬운 게 아니다.
원한다고 되는 것도 아니고
버린다고 얻는 것도 아니다.

나의 마지막을 보라.
내가 어떻게 하늘에 오르는지?
내가 어떻게 육신을 버리는지?
너의 눈을 감지 말라.

눈을 벌겋게 뜨고
나의 마지막을 보라.
육신을 갈기갈기 찢어
하늘의 바람에 날리는 것을.

네가 마지막까지
나를 따르겠느냐?
욕망의 세상으로
돌아가지 않겠느냐?

포기하지 않고
배신하지 않고

처음과 끝이 같겠느냐?
그 마음을 유지하겠느냐?

너의 모든 것을
나를 위해 버리겠느냐?
끝까지 평정을 유지하겠느냐?
하나라도 남기지 않겠느냐?

버리면 살 것이고
한계를 넘어서면
새로운 세계가
펼쳐질 것이니

그때 너는 나를 생각하며
깨달음의 미소를 짓게 될 것이다.
아, 그래서 나의 스승이 이렇게
새로운 세상을 열었나 보다.

네가 어려운 일을 구하는 도다. 그러나 나를 네게서 데려가시
는 것을 네가 보면 그 일이 네게 이루어지려니와 그렇지 아니
하면 이루어지지 아니하리라. 2 Kings 2:10

54. 소금

일단 무엇인가,
시작을 해야 한다.
완성된 답은 없다
스스로 찾아가는 것일 뿐.

거기까지 해보는 것이다.
그리고 생각하는 것이다.
나머지는 하늘이
알아서 할 것이다.

어떻게 할 것인가,
무엇을 할 것인가,
나의 자리에 앉아야 한다.
거기에 내가 있어야 한다.

자기의 자리를 알고
자신이 거기에 있다면
무언가 역사가 일어날 것이다.
나의 길이 보인다.

나의 할 일을 해야 한다.
날마다 맑은 물을 흘려야 한다.

이렇게 흘리다보면
언젠가 맑게 될 것이다.

우리가 여기에 있는 것은
바로 이를 위함이다.
우리가 숨을 쉬는 것도
이것을 위함인 것이다.

못 다한 기도를 드린다.
날마다 반복해서 자리에 앉는 것은
그의 시간을 기다림이며
창조의 회복을 위함이다.

아직 소원이 남아있다는 것은
아직 할 일이 있다는 것이다.
이 땅을 고치소서!
우리가 하나임을 알게 하소서!

엘리사가 물 근원으로 나아가서 소금을 그 가운데에 던지며
이르되 여호와의 말씀이 내가 이 물을 고쳤으니 이로부터 다
시는 죽음이나 열매 맺지 못함이 없을지니라. 2 Kings 2:21

55. 저주

함부로 입을 놀리지 말라.
스스로 수행의 길을 걷지 않는다면
사는 것이 모두 헛된 것이리니
삶이 무엇인줄 알아야 한다.

어떻게 살아야 할 것을
구해야 한다.
눈을 뜨고 생각을 해야 한다.
네가 걸어갈 길을 알아야 한다.

그렇지 않다면
한갓 숨을 쉬고
생명을 먹음이 무엇 때문인가?
배설을 만듦이 무슨 유익인가?

무엇을 위해 사는 것인가?
무엇을 하며 살아갈 것인가?
무지와 본능에서 벗어나
하늘의 뜻을 깨달아야 한다.

때가 따로 있는 것은 아니다.
너의 자리에서

언제나 하늘에 드릴
열매가 있어야 한다.

기분을 따라
감정에 휘둘린
너의 말이 아니라
하늘의 말을 해야 한다.

네가 드리는
기도가 있어야 한다.
마지막 숨을 몰아쉴 때까지
이루어야 할 소원은 무엇인가?

그것이 없다면
살아갈 이유가 없는 것이며
죽어감의 목적도 모르는
무가치의 삶이 될 것이다.

엘리사가 뒤로 돌이켜 그들을 보고 여호와의 이름으로 저주하
매 곧 수풀에서 암곰 둘이 나와서 아이들 중의 사십이 명을 찢
었더라. 2 Kings 2:24

56. 물을 붓는 자

나는 당신의 물입니다.
언제나 당신 곁에서
당신의 손과 발을
씻어드립니다.

그것으로 족합니다.
당신의 발 앞에서
당신의 말씀을
조용히 듣는 것.

당신의 밥을 지으며
당신의 물을 길으며
당신의 방을
덥혀 드리는 것.

당신의 향취를 맡으며
당신과 함께 길을 걷는 것.
그것이 나의 기쁨이요
나의 자랑입니다.

당신의 말을 합니다.
당신의 말을 생각하며

당신이 하신 말씀을 따라
나도 그대로 말을 합니다.

길은 자기가 찾는 것.
당신과 함께 길을 걸음이
나의 삶입니다.

말씀은 낮은 자리에서 들려옵니다.
높은 자리에서는
마음이 높아져
들리지 않습니다.

그것이 나에게 하신 당신의 말씀입니다.
언제나 그 말씀을 따라
오늘도 내 자리에 앉아
당신의 손에 물을 붓습니다.

여호사밧이 이르되 우리가 여호와께 물을 만한 여호와의 선지
자가 여기 없느냐 하는지라. 이스라엘 왕의 신하들 중의 한 사
람이 대답하여 이르되 전에 엘리야의 손에 물을 붓던 사밧의
아들 엘리사가 여기 있나이다. 2 Kings 3:11

57. 개천

세월의 삽으로
검은 모래를 퍼 올린다.
그들은 세계의 지붕을 돌아
여기까지 내려와 쌓인다.

그 손을 기다리는
흙빛 고운 쇠갈퀴들.
일생 땅을 갈고 곡식을 털어
생명의 입에 넣어준다.

아름답다 못해
차라리 거룩한 손.
그 손을 거쳐 간 검은 모래들이
멋진 집이 되고 안식처가 된다.

사내의 검은 얼굴엔
무심의 미소가 흐른다.
오늘까지 이 삽질로
삶을 지탱해왔다.

아이들은 강변을 뛰어놀고
아내의 고운 얼굴엔

연륜의 골이 패였다.

나를 통해
누군가가 살게 된다면
그것이 뿌듯한 기쁨이다.
더 이상도 더 이하도 없다.

그 희망으로
오늘까지 자리를 지켜왔다.
사내는 다시 검은 강물에서
검은 모래를 퍼 올린다.

강물이 흘러간다.
검은 물줄기가 휘돌아 돌고
그 속에서 검은 소리가 들린다.
너의 자리에서 깊은 샘을 파라.

그가 이르되 여호와의 말씀이 이 골짜기에 개천을 많이 파라
하셨나이다. 2 Kings 3:16

58. 기름 한 그릇

네 집에 무엇이 있느냐?
무엇이라도 있어야지,
아무것도 없이
벼락이 떨어지겠느냐?

나비의 날갯짓이라도 있어야 하고
조그만 바람이라도 불어야 한다.
그것을 찾아서
하늘에 드려야 한다.

그 마음을 기다리는 것이다.
허황한 기적이 아닌
오늘의 가장 작은 일.
그것이 쌓여 역사가 일어난다.

한두 번 하지 말고
될 때까지 반복해야 한다.
손을 놓지 않고
끝까지 가야한다.

할 수 있을 때까지
준비하는 것이다.

그릇의 크기만큼
채워주실 것이다.

실패란 없고
패배란 없다.
거기까지 성취한 것이고
여기까지 승리한 것이다.

그것이 있지 않느냐?
그것을 나에게 가져오라.
그것을 통하여
역사를 일으킬 것이니

그러면 되는 것이다.
더러운 굴종보다
마지막 그 몸짓으로
하늘이 움직일 것이다.

엘리사가 그에게 이르되 내가 너를 위하여 어떻게 하랴? 네 집
에 무엇이 있는지 내게 말하라. 그가 이르되 계집종의 집에 기
름 한 그릇 외에는 아무것도 없나이다. 2 Kings 4:2

59. 그 위에

너의 생명으로
그의 생명이 살아나고
너의 피를 흘림으로
그의 역사가 일어난다.

피 흘리지 않았는데
저절로 역사가 일어난 적이 있었던가?
싸우지 않았는데
거저 자유가 주어진 적이 있었던가?

마음이 가는 곳에
몸도 가는 것이니
어느 곳에
너의 마음을 두겠느냐?

너의 눈을 보면
너의 마음을 안다.
너의 마음을 알면
너의 사랑을 안다.

세상을 사랑하는 자는
세상으로 갈 것이고

하늘을 사랑하는 자는
하늘로 갈 것이다.

삶의 명을 아는 사람은
생명을 위해 살아간다.
세상에 온 이유를 아는 사람은
그가 살아갈 길을 안다.

지금 무엇을
해야 하는지를 알고
지금 어디로
가야 하는지를 안다.

너를 바치면
생명이 살아날 것이니
생명을 살리기 위해서는
생명을 바쳐야 한다.

아이 위에 올라 엎드려 자기 입을 그의 입에, 자기 눈을 그의
눈에, 자기 손을 그의 손에 대고 그의 몸에 엎드리니 아이의 살
이 차차 따뜻하더라. 2 Kings 4:34

60. 들 호박

그가 가는 곳에
먹을 것이 있다.
하여 아이들은
어머니의 치마를 잡는다.

어머니는 자기의 몸으로
세상의 생명을 먹인다.
피를 젖으로 만들고
땀으로 밥을 만든다.

그 땅은 거기에
서 본 사람만이 안다.
하늘과 땅 사이를 비집고
길을 내며 걷는다.

이제 수행의 시대가 사라졌다.
어떤 곳에도
수행자는 보이지 않는다.
배부른 여행자만 길을 걸을 뿐.

사람들은 편한 길을 찾는다.
십자가와 고행은

그들과는 아무 상관이 없다.

세상을 변화시킬
혁명가가 필요하다.
새로운 문명을
시작해야 한다.

자리에 앉기에
너무 늙은 나이는 없다.
이렇게 앉아서 하늘로 가는 것이다.
이 길을 걷다가 육신을 벗는 것이다.

무엇이 세상을 변화시킬 것인가?
앞이 보이지 않는다.
다만 나의 자리에서
할 일을 하는 것일 뿐.

엘리사가 이르되 그러면 가루를 가져오라 하여 솥에 던지고
이르되 퍼다가 무리에게 주어 먹게 하라 하매 이에 솥 가운데
독이 없어지니라. 2 Kings 4:41

61. 남으리라

그때에도 보리떡은 있었다.
보리떡 이십 개가 백 명을 먹이고
보리떡 다섯 개가 오천 명을 먹인다.

혼자 먹으면
일인분이지만
그것을 나누면
마르지 않는 샘물이 된다.

씨알이 그대로 있으면
일인분이지만
땅에 떨어져 죽으면
수천 명분이 된다.

하늘의 명을 알면
천사가 되고
삶의 명을 알면
투사가 되는 것.

그것을 위해 싸워야 한다.
자유와 생명.
가진 자는 자기 것을

나눌 줄 알아야 한다.

하늘이 주는 것은
결코 모자람이 없다.
움켜쥐어 쌓아놓으니
언제까지 부족한 것.

한쪽에선 배불러 죽고
다른 쪽에선
배고파 죽는다.

그러니 그 죄악을 누가 다 갚겠느냐?
하늘은 울지 않을 수 없다.
그리하여 오늘도 저렇게 하늘은
검은 구름이 끼어났나 보다.

그 사환이 이르되 내가 어찌 이것을 백 명에게 주겠나이까 하
나 엘리사는 또 이르되 무리에게 주어 먹게 하라. 여호와의 말
씀이 그들이 먹고 남으리라 하셨느니라. 2 Kings 4:43

62. 나아만

너의 몸을 씻으라.
나의 강으로 들어오라.
일흔 번씩 일곱까지
완전수를 채우라.

완전히 너의 몸을 잠기게 하라.
남은 부분이 없게 하라.
모두 다 들어와
내 말을 지키라.

들어오지 않으면
나갈 수가 없고
던지지 않으면
씻을 수 없나니

너 자신을 씻지 않으면
어찌 하늘 앞에 서겠느냐?
그러면 무엇이 너를
구원할 수 있겠느냐?

이렇듯 날마다
너 자신을 씻어야 한다.

거기에 너를
비추어 보아야 한다.

교만한 자는
정함을 받을 수 없고
배부른 자는
거룩함을 알 수 없나니

여기에 구원의 신비가 있다.
하늘을 담아내는
비밀이 있다.

당신의 뜻에 따르겠나이다.
언제나 당신 앞에 서서
당신을 바라보겠나이다.
구원의 강에 나를 던지겠나이다.

엘리사가 사자를 그에게 보내어 이르되 너는 가서 요단강에
몸을 일곱 번 씻으라. 네 살이 회복되어 깨끗하리라 하는지라.
2 Kings 5:10

63. 내려가서

깊은 곳에 내려갔습니다.
절망의 땅.
세상의 영광에 가려
실상이 가려진 어둠의 나락.

거기에서 당신을 만났습니다.
당신은 거기에 계셨습니다.
썩어 문드러져가는
나의 모습을 보았습니다.

세상의 영광이
한낱 바람의 먼지라는 것을,
나는 거기에서 알았습니다.
나는 거기에 서 있었습니다.

큰 소리 치는 것은
그 안에 두려움이 있다는 것이요
화려한 겉치장은
자신의 수치를 가리려는 것이니

그것은 마음의 빈속을
세상의 욕망으로 채우려는

갈증과 결핍의 표출이라는 것.

언제까지 거기에 머물러 있어
하늘에 오르지 못하는 성인 아이들.
마음에 비수를 찌르고
피를 흘리고 있습니다.

거기에서 새롭게 올라왔습니다.
이제 하늘이 보이는 것은
내가 있어야 할 자리를
알았기 때문입니다.

내려오니 이토록 편안하고 자유한 것을.
그것을 모르고 무거운 갑옷을 입고
붉은 땀을 흘리며
모래집을 세웠습니다.

나아만이 이에 내려가서 하나님의 사람의 말대로 요단강에 일
곱 번 몸을 잠그니 그의 살이 어린아이의 살 같이 회복되어 깨
끗하게 되었더라. 2 Kings 5:14

64. 게하시

모든 것은
점에서 시작된다.
점이 자라 마음이 시작되고
마음이 확장하여 우주가 된다.

한 점 마음에서
역사가 일어난다.
뭉게구름이 피어오르면
하늘을 덮게 된다.

마음에 무엇이 일어나는가를
자세히 살펴야 한다.
한 점 구름에서 폭우가 내리고
한 점 소원에서 혁명이 일어난다.

보기 전에는
평정이 있었거늘
그것을 보고 난 후에는
막을 수가 없게 된다.

점을 지우면
하늘에 오르게 되니

점이 없으면
역사도 없다.

그것을 알지 못했다.
눈이 가리워져
하늘의 역사를 보지 못했다.

있어도 살아왔고
없어도 산다는 것을
진정 잃어버린 것인가?
그것이 그렇게 중요했던가?

어차피 사환인 것을.
잠간 맡았다가
다시 하늘에 돌려주는 것이거늘
그것을 알지 못해 수치와 오명이 남게 된다.

하나님의 사람 엘리사의 사환 게하시가 스스로 이르되 내 주인이 이 아람 사람 나아만에게 면하여 주고 그가 가지고 온 것을 그의 손에서 받지 아니하였도다. 여호와께서 살아계심을 두고 맹세하노니 내가 그를 쫓아가서 무엇이든지 그에게 받으리라. 2 Kings 5:20

65. 쇠도끼

영혼의 도끼가
연못에 빠졌네요.
날마다 자리에 앉아
성소를 가꾸어야 되는데.

조금만 손을 늦추면
치고 올라오는 어둠의 수풀,
불같이 일어나는
욕망의 그림자.

하늘이 보이지 않도록
마음의 문을 덮네요.
무성하게 자라
머리를 덮네요.

하루를 살아가는 것이
무엇을 위함인가요?
날선 도끼를 갈아
당신께 드립니다.

굳이 휘두를 필요도 없네요.
그것도 하나의 몸짓인 것.

그 앞에 세워놓고
그것을 기억합니다.

나의 도끼를 돌려주십시오.
진리의 날을 갈아
하늘 앞에 드리겠으니

도끼가 녹이 슬면
어떻게 허망을 잘라냅니까?
잘 쓰고 그 자리에
돌려놓겠습니다.

날마다 자리에 앉아
나의 도끼를 갑니다.
시퍼렇게 날을 서려
당신 앞에 바칩니다.

하나님의 사람이 이르되 어디 빠졌느냐 하매 그곳을 보이는지
라. 엘리사가 나뭇가지를 베어 물에 던져 쇠도끼를 떠오르게
하고. 2 Kings 6:6

66. 눈을 열어

사람들은 모두
자기가 보고 싶은 것만 본다.
간절히 원하면
우주가 도와준다는 것이다.

도대체 무엇을 원하는 것인가?
자기 생각으로
자기의 한을 푸는데
우주가 도와준다는 것인가?

그렇다면 차라리
혼자인 것을 보아야 한다.
지옥의 불구덩이로 걸어가는
자신을 보아야 한다.

역사의 십자가를 지지 않고는
하늘의 뜻을 이룰 수 없다.
그런 욕망을 이루는 것은
오히려 독이 된다.

그런 자의 뜻은
우주가 도와주지 않는 것이

우주의 뜻일 것이다.
마음의 문을 닫아걸지 말라.

눈을 열어
하늘의 심판을 보라.
불 말과 불 병거 앞에
멸망할 자신을 보라.

어느 날, 우리 모두
심판대에 서게 될 것이다.
정직한 자는 의의 심판으로
불의한 자는 불의 심판을 받게 될 것.

그렇지 아니하다면
도대체 불공평하여
그대로 눈을 감고
죽을 수가 없을 것이다.

여호와여 원하건대 그의 눈을 열어서 보게 하옵소서 하니 여
호와께서 그 청년의 눈을 여시매 그가 보니 불 말과 불 병거가
산에 가득하여 엘리사를 둘렀더라. 2 Kings 6:17

67. 수리

이제 그만
돌아가야 한다.
더 이상 세상의 영광을
바라보지 않아야 한다.

마음의 바람은
끝이 없다.
언제고 살아나
벼랑에 던질 수 있다.

하여 마음이란
가는 것이 아니고
살피는 것이요
정리하는 것이다.

문득문득 고개를 털고
생각을 버리지 않으면
거기에 둥지를 틀고
집을 짓게 된다.

그래서 그는
자신을 깨끗케 하기 위해

그렇게 욕망의 가지를
잘라내신 모양이다.

날마다 성화의
십자가를 지지 않으면
세상의 십자가에 달리게 된다.
그렇게 죽어가며 마치고 싶은가?

이대로 하늘로 가고 싶다.
나의 성소에 앉아
하늘의 노래를 부르며
마음의 성전을 수리한다.

세상에서 가장 거룩한 작업.
다시 그날은 찾아올 수 있을까?
나의 성소에 앉아
그의 얼굴을 구한다.

요아스 왕이 대제사장 여호야다와 제사장들을 불러 이르되 너
희가 어찌하여 성전의 파손한 데를 수리하지 아니하였느냐?
이제부터는 너희가 아는 사람에게서 은을 받지 말고 그들이
성전의 파손한 데를 위하여 드리게 하라. 2 Kings 12:7

68. 반복

될 때까지 하라.
서너 번만 하지 말고
끝까지 계속해서 하라.
너의 그릇대로 채워지리라.

자리에 앉아
포기하지 말라.
삶의 몸짓을 그만두는 순간
너의 목표도 끝나게 될 것이니

마지막까지
너의 길을 걸어가라.
한 번 정했으면
목숨을 바쳐서 이루라.

하늘이 열릴 때까지
계시가 내려올 때까지
씨름을 계속하며
응답을 기다리라.

너의 모든 것을 다해
너에게 주어진 일을 하라.

천만번 반복해도
후회함이 없는 일을 하라.

그것을 마친 후에
나에게 돌아오라.
네가 감당한 몫을
나에게 가지고 오라.

세상이 감당할 수 없는 사람은
자기가 좋아하는 일을
미쳐서 즐기면서 하는 것이다.

그리고 그것을 능가하는 사람은
그 일을 끝까지 반복하는 사람이다.
언젠가 삶의 마지막을 결산할 때
고요히 미소를 짓게 될 것이다.

하나님의 사람이 노하여 이르되 왕이 대 여섯 번을 칠 것이니
이다. 그리하였더면 왕이 아람을 진멸하기까지 쳤으리이다. 그
런즉 이제는 왕이 아람을 세 번만 치리이다. 2 Kings 13:19

69. 므나헴

정권을 지키는 것만이
나의 목적이다.
정의와 평화는
나의 삶이 아니다.

내 배가 불러야
목숨도 연명하는 것.
그렇게 나의 이름을 기억하라.
역사에서 나의 행적을 지우지 말라.

모두 다 나를 죽이려 한다.
살아야 한다.
견뎌야 한다.
뭉쳐야 한다.

더 이상 귀를 열 필요가 없다.
그들을 믿을 수가 없다.
내가 흔들리면
나라가 흔들릴 것이다.

더 이상 마음을 약하게 가지면 안 된다.
그렇게 다 쓰러져 갔다.

모두가 쓰러질 것이다.
끝까지 버텨야 한다.

무덤을 파야 한다.
같이 죽을 것이다.
결코 혼자 죽지는 않을 것이다.
더 이상 나는 물러설 수가 없다.

내 손으로 나라를
굳게 세워야 한다.
후대의 역사가
나를 기록할 것이다.

강한 것에서
먹을 것이 나오는 법.
악명이라도
이름을 떨쳐야 한다.

앗수르 왕 불이 와서 그 땅을 치려 하매 므나헴이 은 천 달란트를 불에게 주어서 그로 자기를 도와주게 함으로 나라를 자기 손에 굳게 세우고자 하여. 1 Kings 15:19

70. 적과 적

적의 힘을 빌려
적을 친다.
가만히 앉아서
힘들일 필요가 있겠는가?

고혈은 짜내면 되는 것이고
정권은 유지하면 되는 것이다.
역사에는 어느 정도
강제적 힘이 필요하다.

민중에 끌려갈 수는 없다.
지들이 무엇을 안다고 그러는가?
한 번 흔들리면
끌고 갈 수가 없다.

이 위기를 넘기면
때가 찾아올 것이다.
뒤집고 되치고
갈라치기가 내 전문이다.

얼마나 많은 어려움을
이것으로 극복해냈는가?

이번만 위기를 넘기면
또 다른 기회가 올 것이다.

뇌물을 쓰는 것이다.
주는데 마다할 사람은 없다.
세상이 모두
돈독이 올라있다.

돈은 끌어 모으면 되는 것이고
지금을 넘기면 된다.
줄타기 외교가
기막힌 전술이다.

사방이 적인데
어떻게 대처해야 할 것인가?
원수의 적은
나의 아군이다.

아하스가 여호와의 성전과 왕궁 곳간에 있는 은금을 내어다가
앗수르 왕에게 예물로 보냈더니. 1 Kings 16:8

71. 아하스

이왕 섬길 바에야
제국의 신을 섬기자.
백성을 압도해야 한다.
힘으로 내리눌러야 한다.

제국의 신을 섬겨야
제국이 될 수 있는 것.
역사는 힘으로 지탱된다.
권력의 힘으로 제국이 되는 것이다.

강국은 그냥 생기지 않는다.
보고 배워야 한다.
그들을 따라야 한다.
그들의 신을 섬겨야 한다.

그들이 도와줄 것이다.
우리 힘으로는 할 수 없다.
그들의 힘을 빌려야
그들처럼 될 수가 있다.

그 힘은 어디에서 오는가?
황금도 아니고

권위도 아니다.
근원을 찾아야 한다.

그가 엎드리는
그것을 받게 되며
그가 바라보는
그것을 닮게 될 것이다.

그들을 따라
그대로 만들자.
그것을 섬기면
영화를 얻으리라.

화려할수록 좋고
혼을 뺏어야 한다.
나를 섬기라.
세상의 영광을 주리라.

아하스 왕이 앗수르의 왕 디글랏 빌레셀을 만나러 다메섹에
갔다가 거기 있는 제단을 보고 아하스 왕이 그 제단의 모든 구
조와 제도의 양식을 그려 제사장 우리야에게 보냈더니. 2 Kings
16:10

72. 사로잡아

땅 끝의 도시여!
네가 쓰러졌도다.
원수들이 너를
무참히 짓밟았도다.

아무도 너를 도울 수 없었도다.
너는 너의 길을 걸어갔고
화려함을 쫓아
세상을 따라갔도다.

정의를 버리고
평화를 불살랐도다.
하늘의 뜻을 외면하고
거룩의 길을 잃어버렸도다.

그것의 너의 삶이었던가?
그것의 너의 노래였던가?
네가 외쳤던 자랑은
어디에서 온 것인가?

그것은 다시 시작하라는
하늘의 명령이었도다.

무너진 거기에서
새로운 건설이 시작되리라.

줄을 지어 걸어가는
자유 잃은 백성들.
그것을 모르고
길을 걸어갔던가?

너희는 그 죄 값을
받아야 했도다.
고향을 떠나 얼마나 긴 세월을
세상에서 떠돌게 될 것인가?

아무것도 모르고
떠들던 시간들이 흘러갔고
돌이킬 수 없는 시간들이
바람에 날리고 있었도다.

호세아 제 구년에 앗수르 왕이 사마리아를 점령하고 이스라엘
사람을 사로잡아 앗수르로 끌어다가 고산 강가에 있는 힐라와
하볼과 메대 사람의 여러 고을에 두었더라. 2 Kings 17:6

73. 히스기야

당신은 어디 계시나이까?
저들의 말을 듣고 있나이까?
가난한 자들의 신.
약자들의 하나님.

무엇으로 우리를 구원하시려 하나이까?
어디까지 우리의 인내를 요구하시나이까?
어디까지 우리는 참아내야 하나이까?
이렇게 기다리면 되는 것이니이까?

보이는 신이
할 수 없다면
보이지 않는 당신은
무엇을 할 수 있나이까?

손에 잡히지 않고
눈에 보이지 않는
그렇게 구름처럼
흘러가야 하나이까?

그러다가 어느 날,
우연히 이루어지는 것이니이까?

때가 차면 당신이
일어나는 것이니이까?

사라져야 하고
오르지 않아야 할 것들이
자기의 자리에 앉아
당신을 농단하고 있나이다.

당신 스스로
자신을 증명하소서!
당신의 살아계심과
도도한 역사의 물결을.

무형의 힘이 모여
유형의 역사를 일으킨다는 것을
그리고 그 역사를 이루어간 사람이
이 땅에 있었다는 것을.

여호와여, 귀를 기울여 들으소서! 여호와여, 눈을 떠 보시옵소
서! 산헤립이 살아계신 하나님을 비방하러 보낸 말을 들으시옵
소서! 1 Kings 19:16

74. 통곡

역사의 눈물이 흐른다.
피를 토하는 민중의
들리지 않는 함성이 있다.
그들은 마음속으로만 기도를 드린다.

그들의 기도가 언젠가
현실이 된다는 것을 알면
그렇게 쉽게 함부로
살아가지는 못할 것.

간신이 있기에
충신이 있으니
한 시대를 사는 것이
그래서 중요한 것이다.

민중의 고혈을 빨아
잘 먹고 잘 사는 것이
그렇게 성공한 것이고
그렇게 부러운 것인가?

마음을 간직하는 것이
진정으로 필요하다.

하늘 앞에 부끄러움 없이
하루를 살아내는 당당함.

이것으로 우리는
삶을 버텨낸다.
이것이 우리의 신앙이고
이것이 우리의 인생이다.

산다고 다 사는 것이 아니고
똑같이 살아가는 것이 아니다.
정의를 논하는 세상을
전심으로 바랄 뿐.

내 목숨의 연명을 위해
통곡하는 것이 아니라
시퍼런 역사의 강물을 흐르게 하기 위함이니
너의 눈물을 삼키며 마음속으로 통곡하라.

여호와여 구하오니 내가 진실과 전심으로 주 앞에 행하며 주
께서 보시기에 선하게 행한 것을 기억하옵소서 하고 히스기야
가 심히 통곡하더라. 2 Kings 20:3

75. 자랑

마지막 한 가지는
남겨두어야 한다.
하늘에 오를 수 있는
기도를 올려야 한다.

모두 다 태우지 말고
마지막 숨결 하나는
가슴에 두어야 한다.
모두 다 보여줄 수 없다.

세상의 자랑이 아니라
하늘의 자랑을 해야 한다.
가진 것이 아니라
길을 잡아야 한다.

그리고 그것으로 생명을 양육할
숨겨진 보물을 가져야 한다.
마지막 남은
너의 자랑은 무엇인가?

하늘을 향한 눈.
이 한 올의 희망이

마지막 부활을 위하여
우리가 간직할 믿음인 것.

사람을 보지 말고
하늘을 보라 하였거늘
사람에게 보여주는 것이
너의 마지막 카드인가?

걸어온 길이 자랑이 아니고
가진 것을 자랑하는 것이니
네가 보여준 것은 모두
빼앗기게 될 것이다.

썩어질 것을 자랑하지 말고
영원의 마음을 자랑하라.
그리고 그 길을 걸어가는
발걸음이 남게 하라.

히스기야가 사자들의 말을 듣고 자기 보물고의 금은과 향품과
보배로운 기름과 그의 군기고와 창고의 모든 것을 다 사자들
에게 보였는데 왕궁과 그의 나라 안에 있는 모든 것 중에서 히
스기야가 그에게 보이지 아니한 것이 없더라. 2 Kings 20:13

76. 므낫세

악이 깊어갈 때마다
웃음을 짓게 된다.
마음껏 저질러 보아라.
때가 되면 새벽이 올 것이다.

새벽을 막으려는 자가 있고
새벽을 기다리는 자가 있다.
너희가 그런다고
역사를 붙잡아 둘 수 있겠는가?

달이 차면
기울 때가 오듯
세상에 악이 가득차면
심판의 때가 오는 법.

그래, 그렇게 해서라도
순환이 일어나야 하겠지.
세상의 일이란
결국 돌고 도는 것이다.

그래도 혼자 죽기는
싫을 것이다.

죽음을 같이 할
친구가 필요하겠지.

세상에 한줄기
희망을 남길 수도 있고
돌이킬 수 없는
절망을 남길 수도 있다.

도대체 인간은
얼마나 악해질 수 있는가?
악에 대해 입을 다무는 것이
더 큰 악이 될 수 있다.

평범한 사람들이
세상에 눈을 감고
평범하게 살아가기에
세상은 희망이 없는 것이다.

유다 왕 므낫세가 이 가증한 일과 악을 행함이 그 전에 있던 아
모리 사람들의 행위보다 더욱 심하였고 또 그들의 우상으로
유다를 범죄하게 하였도다. 2 Kings 21:11

77. 요시야

오늘까지 하늘의 숨을
나에게 주셨습니다.
여기까지 나를
살아있게 하셨습니다.

이곳까지
나를 보내셨습니다.
하여 내 발을 이 땅에 딛고
당신의 가신 길을 따릅니다.

사는 날 까지
생명의 노래를 부릅니다.
한줌의 정성을 모아
기도를 올립니다.

날마다 당신의
말씀을 기다립니다.
마음의 쓰레기를
당신의 불에 사릅니다.

내가 정하지 못해
하늘이 닫혀 버렸고

내가 깨끗지 못해
당신의 역사를 거슬렸습니다.

이제 내 몸을 드려
당신의 뒤를 따릅니다.
날마다 내 자리에 앉아
당신을 바라봅니다.

내가 바로 서야
하늘이 열리고
내가 무릎을 꿇어야
당신이 역사하십니다.

당신보다 앞서지 아니하고
당신 앞에 내가 서지 않습니다.
항상 당신의 뜻을 따르겠사오니
당신의 입을 열어 말씀을 내리소서!

왕이 단 위에 서서 여호와 앞에서 언약을 세우되 마음을 다하
고 뜻을 다하여 여호와께 순종하고 그의 계명과 법도와 율례
를 지켜 이 책에 기록된 이 언약의 말씀을 이루게 하리라 하매
백성이 다 그 언약을 따르기로 하니라. 2 Kings 23:3

78. 청소

당신의 성소에 들어감이
나의 기쁨입니다.
언제나 당신의
성소를 사모합니다.

당신의 성소를
쓸고 닦습니다.
하루라도 지나가면
마음에 먼지가 앉습니다.

새들이 날아와 가지에 앉아
하늘이 보이지 않습니다.
세상의 소리가 가득 차
하늘의 소리가 들리지 않습니다.

당신의 성소에서
하루를 시작합니다.
당신의 성소에 앉아
영원으로 들어갑니다.

날마다 당신의
성소에서 살아갑니다.

당신의 성소는
우리 삶의 터전입니다.

보이는 세상이 아니라
보이지 않는 진리를 따릅니다.
당신을 가리는 모든 것들을
완전히 불살라야 합니다.

재만 남아야 합니다.
내가 사라져야
당신이 드러나실 것이오니
날마다 나의 자아를 버립니다.

마음의 그릇을 준비합니다.
영혼의 기도를 하늘에 올립니다.
세초부터 세말까지
당신의 성소를 청소합니다.

왕이 대제사장 힐기야와 모든 부제사장들과 문을 지킨 자들에게 명령하여 바알과 아세라와 하늘의 일월성신을 위하여 만든 모든 그릇들을 여호와의 성전에서 내다가 예루살렘 바깥 기드론 밭에서 불사르고 그것들의 재를 벧엘로 가져가게 하고.
2 Kings 23:4

79. 태양 수레

태양을 담은 수레가
하루 길을 달린다.
사람들은 수레 앞에
머리를 숙인다.

찬란한 영광에
눈을 뜰 수가 없다.
그를 제대로
바라볼 수가 없다.

경외와 두려움으로
그 앞에 엎드린다.
무엇인가 드림으로
해를 면하고자 한다.

너무 뜨거워서
가까이 갈 수가 없다.
오직 멀리에서
바라볼 수 있을 뿐.

태양이 길을 멈추면
그들은 살 수가 없다.

일월성신의 순환에
그들의 운명이 걸려있다.

사람들은 수레에
온갖 치장을 한다.
깃발을 꽂고
금물을 칠한다.

그 앞에 온갖 것을 바친다.
꽃을 바치고
곡식을 바치고
자녀까지 바친다.

어느덧, 수레는 태양이 되어
천상의 자리에 앉아 천하를 호령한다.
내 앞에 엎드리라.
나의 뜻을 따르라.

또 유다 여러 왕이 태양을 위하여 드린 말들을 제하여 버렸으
니 이 말들은 여호와의 성전으로 들어가는 곳의 근처 내시 나
단멜렉의 집 곁에 있던 것이며 또 태양 수레들을 불사르고.
2 Kings 23:11

80. 제거

날마다 마음의
먼지를 털어냅니다.
매일 영혼의 옷을 빱니다.
시간마다 내 말을 씻어냅니다.

하늘의 눈으로
세상을 보며
마음의 눈으로
사람을 봅니다.

나의 말이 아니라
하늘의 말을 하며
나의 눈이 아니라
하늘의 눈으로 봅니다.

귀를 열어
하늘의 소리를 듣습니다.
고요히 자리에 앉으니
많은 소리가 들려옵니다.

자기주장만 내세우는 억지의 소리.
영혼들의 절망과 한숨의 소리.

자기를 알아달라고
소리치는 소리.

자리에서 내려오지 않으려고
끝까지 버티는
지옥 마귀들의
움켜쥐는 소리.

내려오면 죽을 까봐
내려올 수가 없습니다.
가진 것을 절대
놓을 수가 없습니다.

그것이 삶의 전부이고
거기에 목숨이 걸려있습니다.
그때 하늘의 소리가 들려옵니다.
진리가 너희를 자유하게 하리라.

요시야가 또 유다 땅과 예루살렘에 보이는 신접한 자와 점쟁
이와 드라빔과 우상과 모든 가증한 것을 다 제거하였으니 이
는 대제사장 힐기야가 여호와의 성전에서 발견한 책에 기록된
율법의 말씀을 이루려 함이라. 2 Kings 23:24

81. 버림받음

우린 하늘의 불을 받고
이 땅에 태어난다.
하여 그 불을 잘 간직하여
세상의 운명을 밝혀야 한다.

그것이 우리가
세상에 온 목적이고
한 올의 숨을 쉬는
삶의 의미일 것이다.

그 불을 잘 간직하지 못하고
어둠속에서 살아간다면
불 없는 밤처럼
헤매게 될 것이다.

방향을 잃어버린 배는
난파선이 될 것이고
길을 잃어버린 여행자는
기진하여 쓰러질 것이다.

그가 하늘의 뜻을 버린다면
하늘도 그를 버릴 것이다.

물론 그런 것에는 일말의
관심도 없었겠지만.

그래도 그는
마지막을 알아야 한다.
자기의 인생에 대해서
책임을 져야 한다.

자기의 삶은
자기가 선택하는 것이겠지만
많은 맡은 자에게는 많이 찾을 것이요
많이 가진 자에게는 많이 달라 할 것이다.

많이 받았다고 자랑할 것도 없다.
다만 버림을 받지 않고
그 안에서 살아간다는 것.
그것이 유일한 기쁨인 것.

여호와께서 이르시되 내가 이스라엘을 물리친 것과 같이 유다
도 내 앞에서 물리치며 내가 택한 이 성 예루살렘과 내 이름을
거기에 두리라 한 이 성전을 버리리라 하셨더라. 2 Kings 23:27

82. 시드기야

그 참혹한 일을
잊어버리고 싶다.
내 눈을 뽑아다오.
내 모든 것을 가져가라.

내가 어찌 이 시대에 태어났던고?
눈앞에서 내 아들들이 참살당하고
내 백성들이 쇠사슬에 묶여 끌려간다.

집들과 왕궁도 불에 타
모두 폐허가 되어버렸다.
더 이상 아무런 희망이 없다.

그 광경들을 잊을 수가 없다.
내 뇌리에 새겨져
시간마다 순간마다
반복해서 떠오른다.

더 이상 살아서
무엇을 하겠는가?
나를 데려가 달라.
내 조상에게로 돌아가겠다.

한낱 삶이 헛것이요
숨을 쉼도 바람과 같다.
바람은 불어서 날리겠지만
나는 여기에서 움직일 수가 없다.

차라리 이 세상에 나오지 않았더라면
이런 비극은 없었을 것이다.
삶이란 무엇인가?
무슨 노래를 부를 것인가?

이마를 땅에 짓이기며
혀를 물고 죽어야 한다.
내 더러운 이름을 더 이상
세상에 남아있지 않게 해야 한다.

그들이 시드기야의 아들들을 그의 눈앞에서 죽이고 시드기야
의 두 눈을 빼고 놋 사슬로 그를 결박하여 바벨론으로 끌고 갔
더라. 2 Kings 25:7

4 장

기억

83. 기록

우리가 살아가는 모든 것은
우리의 역사가 된다.
하여 한 점 실수도
남길 수가 없다.

우리가 뿌리는 모든 것은
우리의 씨가 된다.
씨가 떨어지면
열매를 맺는다.

우리가 말하는 모든 것은
우리의 현실이 된다.
자기의 현실은
자기가 창조하는 것.

우리가 견디는 모든 것은
우리의 기도가 된다.
고난을 이겨낼 때마다
껍질은 더 단단해진다.

우리가 꿈꾸는 모든 것은
모두 우리의 희망이 된다.

끝까지 꿈꾸지 않으면
절망이 찾아올 것이니

진정 살아있는 자는
꿈을 간직해야 한다.
절망이 둥우리를
틀지 못하게 한다.

이렇게 해서
이 거룩한 책이 만들어졌으니
그렇게 하여 우리는
역사를 쓰는 것이다.

너는 거기에 있는가?
나는 여기에 있다.
날마다 나의 자리에 앉아
나의 하늘을 열어간다.

노아, 셈, 함과 야벳은 조상들이라. 1 Chronicles 1:4

84. 이삭과 이스마엘

하늘의 뜻이 아니면
건지를 말고
하늘이 주신 것이 아니면
받지를 말라.

억지로 너의 뜻대로
이루려 하지 말고
너의 뜻을 하늘의 뜻으로
합리화하지 말라.

적어도 하늘 앞에서는
너의 옷을 벗으라.
누더기로 너의 수치를
감추려 하지 말라.

눈으로 보인다고
그대로 보지 말고
거기에 있다고
함부로 먹지 말라.

약속의 아들은 이삭이고
인간의 아들은 이스마엘이니

이삭이 이스마엘이 될 수가 없고
이스마엘이 이삭이 될 수가 없다.

너의 뜻을 따를 것인가?
하늘의 뜻을 따를 것인가?
언제까지 마음의 쟁투가 그치지 않으리니
싸움이 그치는 날, 너는 하늘로 돌아가리라.

한 번 뿌린 씨앗은
주어 담을 수가 없고
네가 뿌린 씨앗은
네가 거두어야 할 것이다.

아, 하늘의 사람아.
너의 길은 어디에 있느냐?
네가 걸어갈 길은 네가 앉은 자리,
바로 거기에 있도다.

아브라함의 자손은 이삭과 이스마엘이라. 1 Chronicles 1:28

85. 이스라엘

날마다 하늘과 씨름하리라.
나를 드려
하늘의 뜻을 이루기 위해
오늘도 신의 산에 오르리라.

나를 받으신다면
나를 기뻐하신다면
나는 그를 위해
한 점의 제물이 되리라.

그가 입을 열 때까지
그의 계시가 내려올 때까지
나는 움직이지 않으리라.
여기에서 바위가 되리라.

값싼 믿음이 아니라
덮어놓고 따름이 아니라
피를 흘리는 죽음을 통해
증명을 하고야 말리라.

그의 삶이 나의 삶이고
나의 삶 속에

그가 존재하심을
반드시 이루어 내리라.

내 안에 하늘이 있을 때
나는 하늘이 되리라.
나는 하늘을 담은
푸른 호수가 되리라.

그와 함께 함이
내 존재의 이유이며
내 삶의 목적임을
완성해 내리라.

욕망을 성취하는 삶이 아니라
마지막 남은 욕망을 버림으로
하늘과 하나가 되어
마침내 하늘로 돌아가리라.

아브라함이 이삭을 낳았으니 이삭의 아들은 에서와 이스라엘
이더라. 1 Chronicles 1:34

86. 야베스의 기도

당신 앞에 나아가
마음을 넓힙니다.
당신과 함께 걸으며
세상을 가슴에 품습니다.

뜨거운 지구에서
타버린 당신의 마음.
쓰레기의 바다에
버려진 희망이 떠다닙니다.

기다리는 우리에게
당신이 오시기에
이 땅은 더 이상
발 디딜 곳이 없습니다.

광야의 소리는 사라졌고
하늘은 너무 어두워져
당신을 따르는 순례자들은
조그만 방에 누워있습니다.

사람들은 희망을 상실하고
더위와 추위를 이기지 못해

더러운 화석연료와
저주의 핵연료를 태우고 있습니다.

당신은 어디에 계십니까?
우리는 언제까지
여기에 있어야 합니까?
우리는 어디로 가야 합니까?

여기에 오소서!
당신의 사람들이
절망의 한숨을 쉬며
당신을 기다리고 있습니다.

기도의 줄은 끊어졌고
사랑의 집은 허물어져
하늘이 보이지 않습니다.
겨울이 시작되고 있습니다.

야베스가 이스라엘 하나님께 아뢰어 이르되 주께서 내게 복을
주시려거든 나의 지역을 넓히시고 주의 손으로 나를 도우사
나로 환난을 벗어나 내게 근심이 없게 하옵소서 하였더니 하
나님이 그가 구하는 것을 허락하셨더라. 1 Chronicles 4:10

87. 토기 장이

나를 빚으소서!
진토에서 건져내어
당신의 손으로 만지시니
거기에서 기적이 일어납니다.

빛살무늬를 새겨 넣어
당신의 형상으로 빚으시고
당신의 숨결을 불어넣으시니
하늘의 생명이 살아납니다.

당신의 불로
일곱 번 연단하여
깨어지지 않사오니
천년의 색깔이 드러납니다.

거기에 당신의
영을 담습니다.
그 안에 당신의
말씀을 새깁니다.

나도 당신을 따라
하늘의 토기장이 되어

당신의 일을 합니다.
당신과 함께 합니다.

진흙을 담아 올려
나의 자리로 옮깁니다.
사랑의 무늬를 새기고
생명을 그에게 선물합니다.

준다는 것은
거룩한 일입니다.
그것은 평생을 이루신
당신의 일입니다.

뜨거운 불에서 건져내어
눈물과 땀으로 닦아냅니다.
광채가 드러나고
향기가 나옵니다.

이 모든 사람은 토기장이가 되어 수풀과 산울 가운데에 거주
하는 자로서 거기서 왕과 함께 거주하면서 왕의 일을 하였더
라. 1 Chronicles 4:23

88. 르우벤

모든 역사가
심는 대로 거두는 것이라면
그가 그렇게 함부로 쉽게
아비의 침상에 오르지는 못했을 것이다.

현재의 역사가
과거 역사의 결과라면
그가 그렇게 욕망을 따라
행동할 수는 없었을 것이다.

도둑의 나라는
도둑이 마음대로 날 뛸 것이며
강도의 나라는
강도들이 횡행할 것이다.

매국의 나라는
매국노들이 떵떵거릴 것이며
폭력의 나라는
온갖 폭력이 난무할 것이다.

섹스의 나라는
섹스로 망하게 될 것이며

모든 저주의 역사가
그것을 통해서 일어날 것이다.

섹스하다가 총에 맞아죽고
섹스하다가 세월을 수장시키고
섹스하다가 그 배 위에서
복상사하게 될 것이다.

우리가 무엇을 심든지
그대로 거두는 것이라면
우리는 심는 것에
목숨을 걸어야 한다.

한 알을 씨를
떨리는 마음으로 뿌려야 하며
한 점의 말이라도
칼 앞에 놓아야 할 것이다.

르우벤은 장자라도 그의 아버지의 침상을 더럽혔으므로 장자
의 명분이 이스라엘의 아들 요셉의 자손에게로 돌아가서 족보
에 장자의 명분대로 기록되지 못하였느니라. 1 Chronicles 5:1

89. 장자의 명분

깊은 곳에 들어가라.
그곳에 자리를 내리라.
거기에서 나를
만나게 되리라.

나의 광야로 들어오라.
너의 모든 것을
거기에 놓으라.
너의 땅에 앉으라.

오래 기다리라.
세상의 분요함에 흔들리지 말고
나의 하늘을 바라보라.
아무도 바라보지 말라.

세상에 너의 마음을 두지 말라.
하늘의 때를 기다리라.
너의 눈을 뜨고 기다리라.
역사에 눈을 감지 말라.

너의 통찰로
하늘이 열리게 하라.

너의 기도로
하늘이 움직이게 하라.

춤은 네가 추었지만
열매는 그에게 돌아갈 것이니
무엇이 꽃을 피우는 것인지에 대해
진정한 앎이 필요하다.

참고 기다리라.
너의 자리에 앉으라.
너의 인내로
너의 열매를 거두리라.

마지막에 웃는 자가
진정으로 승리하는 자니
함부로 판을 뒤집지 말라.
가볍게 노래를 부르지 말라.

유다는 형제보다 뛰어나고 주권자가 유다에게서 났으나 장자
의 명분은 요셉에게 있으니라. 1 Chronicles 5:2

90. 문지기

새벽에 일어나
성소의 문을 연다.
밤새 계셨던 그의 향취가
나를 적신다.

무수히 지나간
긴 밤의 시간들.
그는 언제나
거기에 계신다.

그가 앉으셨던 자리.
그가 보았던 하늘.
성소를 청소하고
성수를 뿌린다.

모든 물은 거룩하다.
주는 대로 받고
끊임없이 살아서
하늘을 가슴에 품는다.

그의 노래를 부르며
그의 말씀을 간직하는

아, 나는 행복한
성전의 문지기이다.

이대로 언제까지
그의 발 앞에 앉아
그의 삶을 따르며
나의 삶을 드린다.

깨어있음이
하늘의 축복이며
살아있음이
하늘의 기쁨이다.

그대는 지금 어디에서
무엇을 하는가?
나는 지금 여기에서
하늘을 노래한다.

그들은 하나님의 성전을 맡은 직분이 있으므로 성전 주위에서
밤을 지내며 아침마다 문을 여는 책임이 그들에게 있었더라.
1 Chronicles 9:27

91. 찬송하는 자

모든 존재의 목적은
하늘의 빛을 드러내는 것이다.
네가 처음 이 땅에 온
목적을 잊어버리지 말라.

모든 삶의 목적은
하늘의 뜻을 이루는 것이다.
너를 향하신
하늘의 뜻은 무엇인가?

모든 기도의 목적은
하늘의 뜻을 구하는 것이다.
너의 입을 벌려
더러운 욕망을 늘어놓지 말라.

모든 걸음의 목적은
하늘의 걸음을 따르는 것이다.
그러하니 한 걸음이라도
뜻 없이 걸을 수가 있겠는가?

우주의 숨을 쉬고
살아있는 생명을 먹음이

하늘의 영광을 나타내지 못한다면
살아간다는 것이 무슨 의미가 있는가?

세상에는 보이는 삶이 아닌
또 다른 삶이 있는 것이다.
하늘의 진리를 추구하는
영원한 삶.

그 길을 같이 걷는다면
우리는 동반자가 되는 것이다.
각자의 삶의 자리에서
보이지 않는 웃음을 짓는 것.

너는 너의 자리에서
하늘의 영광을 찬송하라.
나는 나의 자리에서
빛의 형상을 만들리라.

또 찬송하는 자가 있으니 곧 레위 우두머리라. 그들은 골방에
거주하면서 주야로 자기 직분에 전념하므로 다른 일은 하지
아니하였더라. 1 Chronicles 9:33

92. 미갈

문자 하나에
하늘이 들어있고
하나의 숨결에
천년이 들어있거늘

네가 어찌 그것을 알지 못하고
가볍게 함부로 너의 입을 열어
말을 뱉어내는 것이더냐?

진리를 향한 열심은
어디에 있는 것이냐?
보이는 세상을 따라
체면을 지켜야 하느냐?

한 올의 숨을 쉼이
하늘의 은혜인 것이고
한 순간 숨을 쉼이
하늘을 기리는 것이 아니더냐?

그것이 너의 존재의
목적인 것이더냐?
내 마음을 허물어

너의 곁으로 끌어당겨야 하느냐?

그만 너의 입을 놀리라.
그만, 너의 헛된
소리를 그치라.

불을 붙이는 것이 아니면
입을 열지 말고
하늘을 향한 것이 아니면
마음을 열지 말라.

진정으로 같이 힘을 모아
하늘 뜻을 이루는 것이 아니면
그만 너의 입을 열어
찬물을 뿌리지 말라.

여호와의 언약궤가 다윗 성으로 들어올 때에 사울의 딸 미갈
이 창으로 내다보다가 다윗 왕이 춤추며 뛰노는 것을 보고 그
마음에 업신여겼더라. 1 Chronicles 15:29

93. 섬김의 길

거룩의 길을 걸으라.
일생 한 길을 걸어도
세월은 빨리 흐르고
아쉬움만 남는 것.

잠간 길을 벗어나면
천길 나락으로 떨어지니
언제나 순간마다
하늘의 길을 찾으라.

너를 칼날 위에 세우라.
깨어 순간을 맞이하라.
감정에 흔들리지 말고
사소한 일에 분내지 말라.

영원한 진리를 찾아
역사의 통찰을 얻으며
자유의 순례 길을 따라
초월의 자리로 나아가라.

갖으려 하지 말고
버리려 하고

잡으려 하지 말고
놓으려 하라.

넓히려 하지 말고
깊으려 하고
입으로 나불거리지 말고
조용히 침묵의 세계에 거하라.

군중 속에 있지 말고
고독의 광야에 거하며
사람의 소리를 기다리지 말고
하늘의 계시를 기다리라.

항상 자신을 생각하라.
그가 나를 일으키셨고
그가 나를 높이셨으며
그가 나를 살리셨도다.

내 아들 솔로몬아! 너는 네 아버지의 하나님을 알고 온전한 마
음과 기쁜 뜻으로 섬길지어다. 여호와께서는 모든 마음을 감
찰하사 모든 의도를 아시나니 네가 만일 그를 찾으면 만날 것
이요 만일 네가 그를 버리면 그가 너를 영원히 버리시리라.
1 Chronicles 28:9

94. 설계도

사람은 혼자 살아가는 게 아니야.
같이 살아가는 거지.
자기 혼자 화려하게 사는 것이
바로 독버섯인 것이야.

사람은 하늘 앞에
단독자로 존재하지만
그 단독자도 다른 사람이 있기 때문에
단독자로 설 수 있는 것이지.

같이 살아가기 위해
나라가 있는 것이고
같이 살아가기 위해
가정이 있는 것이지.

같이 살기 위해
집을 짓는 것이고
같이 살기 위해
성전을 짓는 것이지.

혼자만 먹고
혼자만 살아가는 곳이

바로 지옥인 것이야.
죽어서 갈 필요도 없지.

네가 죽어야 내가 살고
네가 망해야 내가 잘 된다면
그게 어디 사람 사는
곳이라 할 수 있겠어.

같이 살아가는 곳이
영원한 천국인 것이지.
같이 살아가려고
천국도 존재하는 거야.

설계도를 만들어야 해.
그 성전을 완성해야 해.
모두가 평등하게 같이 살아가는
그런 하늘이 필요한 것이야.

다윗이 성전의 복도와 그 집들과 그 곳간과 다락과 골방과 속
죄소의 설계도를 그의 아들 솔로몬에게 주고. 1 Chronicles 28:11

95. 위 업

무언가를 기다리며
기도를 드린다는 것.
그것은 아직
희망이 있다는 것이다.

역사의 변화를 꿈꾸며
혁명을 바란다는 것.
그것은 아직
살아있다는 것이다.

하나님의 인도하심을 원하며
그의 걸음을 옮긴다는 것.
그것은 아직
신앙이 있다는 것이다.

하나님의 뜻을 따르며
노래를 한다는 것.
그것은 아직
힘이 있다는 것이다.

현실에 안주하지 않고
현실의 체제 속에서

현실의 변혁을 원하는
그 자체가 축복인 것이다.

생명을 미워하고
육체의 욕망을 즐기며
자기의 쾌락을 위해서 오늘의 성을 쌓는 것.
그것이 바로 저주인 것이다.

그것은 살았다 하나
실상은 죽은 것이기에
그것은 어떤 선한 역사도
일으킬 수가 없는 것.

체제의 변혁을 바라며
하늘의 역사를 대망함은
삶과 정신이 살아있는
위엄 있는 인간이 되기 위함이다.

여호와께서 솔로몬을 모든 이스라엘의 목전에서 심히 크게 하
시고 또 왕의 위엄을 그에게 주사 그전 이스라엘 모든 왕보다
뛰어나게 하셨더라. 1 Chronicles 29:25

96. 희생

꿈꾸지 않는 자는
기다리지 않는다.
기다리지 않는 자는
바라지 않는다.

바라지 않는 자는
기도하지 않는다.
기도하지 않는 자는
행동하지 않는다.

행동하지 않는 자는
변화하지 않는다.
살아있고 행동함이 죄라면
나는 날마다 죄를 짓고 있다.

죄가 있는 곳에
은혜가 넘친다면
나는 날마다
죄를 짓는다.

살아있는 것이
하늘의 뜻이라면

나는 날마다
살아서 꿈틀거린다.

하늘의 뜻을
하나씩 이루어간다.
그래서 나는 오늘도
내 자리에서 기다린다.

그것이 역사의 꽃을 피우고
하늘에 영광을 돌리는 일이라면
나는 날마다 나 자신을
희생으로 드린다.

하늘이 감동할 때까지
하늘이 문을 열 때까지
나는 내 자리에서
일어나지 않는다.

여호와 앞 곧 회막 앞에 있는 놋 제단에 솔로몬이 이르러 그 위
에 천 마리 희생으로 번제를 드렸더라. 2 Chronicles 1:6

97. 크심

그의 크심을 믿는다.
너와 내가 아니고
우리로 존재하는
무한의 세계이다.

그의 넓으심을 믿는다.
끝이 없는 우주 안에
끝이 없이 펼쳐지는
하늘의 영역이다.

그의 깊으심을 믿는다.
어떤 풍랑에도
흔들리지 않는
대양의 심연이다.

그의 살아계심을 믿는다.
생명의 숨을 쉬고
변화하고 움직이며
때를 따라 역사한다.

그래서 그는 초월자가 아니라
우주에 내재하는 신성이다.

생명의 처음과
마지막 근원이다.

캄캄한 어둠 속에서
어떤 움직임도 없이
고요히 침잠하며
역동치는 영이다.

삶이 그의 품이요
숨을 쉼이 그 안이다.
하여 우리는 그 안에서
그와 함께 살아가며 존재한다.

하니 그를 끌어내리지 말라.
그를 네 안에 가두지 말라.
너의 더러운 욕망을 위해
그를 이용하지 말라.

내가 건축하고자 하는 성전은 크니 우리 하나님은 모든 신들
보다 크심이라. 2 Chronicles 2:5

98. 어둠

나는 그 속에 있다.
언제나 밝아질 수 있고
언제나 역사할 수 있는
무한한 가능성의 심연이다.

어떠한 변화에도
움직이지 않는 침묵의 공간이다.
모든 것을 다 듣고 있다.
너와 함께 있다.

네가 보지 못하는 곳.
네가 생각하지 못하는 곳.
모든 것을 가슴에 품는
나는 사랑의 바다이다.

끝이 없는 곳.
끝이 보이지 않는 곳.
그 안에 들어서면
그와 하나가 된다.

나를 불러내지 말라.
나를 나대로 있게 하라.

내 안으로 들어오라.
너와 함께 하리라.

두려워하지 말라.
모든 것이 거기에서 시작된다.
알파와 오메가요
시작이고 마침이다.

네가 거기에서 나왔고
그곳으로 돌아갈 것이니
어찌 미지의 세계를
무서워하겠는가?

그 안에는 가름이 없고
일체의 분별이 없으니
그가 곧 나이고
내가 곧 그인 것이다.

그 때에 솔로몬이 이르되 여호와께서 캄캄한데 계시겠다 말씀
하셨사오나. 2 Chronicles 6:1

99. 압살롬의 딸

반역자의 딸에게는
반역의 피가 흐른다.
보고 들은 것이 그것이니
거기에서 벗어날 수가 없다.

반역을 덮으려 하든지
다시 반역을 시도하든지
한 번 붙인 재미는
중독처럼 따라 붙는다.

원한이 하늘에 솟구치지만
아무것도 들으려 하지 않고
아무것도 보지 않으려 한다.
거기에 파묻혀 자기의 무덤을 판다.

검은 머리칼을 길게 드리우고
백성을 현혹하던 반역의 기운은
그 딸에게서도 흘러내린다.

웃음 짓는 얼굴 속에
비수가 들어있다.
그것을 알면서도

그것을 선택한다.

현실의 쾌락 앞에
미래를 주어 버린다.
그렇게 비극은 시작되고
인간의 역사는 진행된다.

거기에 열쇠가 있다.
하여 나무 밑에 앉는다.
얻을 것을 생각지 않고
버릴 것을 생각한다.

이것을 알면
세상이 평안하다.
감정의 분요함에
흔들리지 않는다.

그 후에 압살롬의 딸 마아가에게 장가 들었더니 그가 아비야
와 앗대와 시사와 슬로밋을 낳았더라. 2 Chronicles 11:20

100. 후계자

흘러가는 사랑 속에
모든 것이 좋아 보인다.
그 어머니에
그 아들이다.

인간의 욕망이
역사의 동인인가?
하늘의 뜻과 정의는
어디로 갔는가?

후계를 생각함은
생존의 본능이다.
그렇게 흘러가서
역사는 진행된다.

우리가 할 일이
이것 하나이다.
하늘의 뜻을 따라
대를 이어가는 것.

이것을 보여주는 것이다.
위엄 있게 손을 들어

하늘의 뜻을 준행하는 것.
그 외에 우리의 할 일이 무엇인가?

선의 세력이 커지고
악의 세력이 줄어들도록
기도를 드려야 한다.
최선이 아니면 차선이다.

어떻든지 비극은 시작되었고
그 속에서도 기쁨은 있다.
조금씩 앞으로 나아가
승리를 만들어야 한다.

이것을 기억하라.
그리고 항상 그 길을 걸어가라.
어차피 후회할 인생인 것이니
마지막 최선을 다하는 것이다.

르호보암은 미아가의 아들 아비야를 후계자로 세웠으니 이는
그의 형제들 가운데 지도자로 삼아 왕으로 세우고자 함이었더
라. 2 Chronicles 11:22

101. 선과 정의

그것을 위해
그가 나를 부른 것이다.
마지막까지 그의 마음에
합당한 자가 필요하다.

선과 정의가
나를 찾는다.
선은 마음에서 나오고
정의는 역사에서 나온다.

선이 개인적이라면
정의는 사회적이다.
개인의 선행이 필요한 것이라면
정의의 연대도 필요한 것이다.

개인은 도덕적일 수 있지만
사회는 힘에 의해 지배된다.
하여 우리는 비둘기같이 순결해야 하지만
또한 뱀처럼 지혜로워야 되는 것.

결코 뒤로
물러설 수가 없다.

시대가 나를 기다리고 있다.

뜻을 모아
하늘의 뜻을 이루어야 한다.
그것이 내가 오늘을
살아가는 이유이다.

할 수 있는 한 나의 자리에서
희망의 나무를 심는 것이다.
마지막 사랑을 바쳐
기도를 드리는 것이다.

그 외에 내가 할 일이
무엇이 있겠는가?
나머지 구차한 숨을
쉴 이유가 없다.

아사가 그의 하나님 여호와 보시기에 선과 정의를 행하여.
2 Chronicles 14:2

102. 어리석음

적의 힘을 빌어
적의 면전을 친다.
아람의 힘을 빌려
이스라엘을 치는 것이다.

손 안대고 코를 풀 수가 있고
그렇게 힘 들이지 않고
바아사를 제압하는
신의 묘수이다.

그까짓 은금은
백성에게 뜯어내면 된다.
내가 이렇게 은덕을 베풀었는데
그들도 조금은 갚아야 한다.

라마를 건축하는 자재만 해도
충분히 그만큼은 될 것이다.
그것으로 게바와 미스바를
건축하면 된다.

감히 나에게 직언을 하는 자는
감옥에 가두어 버릴 것이다.

지 까짓게 무엇을 안다고
입을 나불거리고 있는가?

너는 부분을 보지만
나를 전체를 보아야 한다.
너는 하늘을 보지만
나는 땅을 보는 것이다.

하늘만 보고 살 수는 없다.
정의는 땅에서 이루어진다.
땅의 제국을 평정하는 자에게
하늘도 문을 열어주실 것이니

최선을 다하지만
차선도 필요하다.
그래서 하늘을 거스린다면
어쩔 수 없는 것이 아닌가?

여호와의 눈은 온 땅을 두로 감찰하사 전심으로 자기에게 향
하는 자들을 위하여 능력을 베푸시나니 이 일은 왕이 망령
되이 행하였은즉 이 후부터는 왕에게 전쟁이 있으리이다.
2 Chronicles 16:9

103. 전 심

마음을 모아
당신의 길을 걷습니다.
날마다 가지를 잘라내고
영성의 칼날 위를 걷습니다.

잠깐 마음을 잃으면
천 길로 떨어지고
순간 마음을 놓으면
나락의 자리에 앉습니다.

잡념의 까마귀가
둥지를 틉니다.
엉킨 실타래처럼
욕망의 줄로 묶입니다.

날마다 뇌리의
잔상을 지우고
감정의 쓰레기를
말끔히 제거합니다.

하루라도 쉬면
쉰 냄새가 나고

이틀을 쉬면
영혼이 흐려집니다.

계시의 관이 녹슬어
진리가 내려오지 않습니다.
교만이 자리에 앉아
하늘을 가립니다.

마지막 버림을 받지 않고
당신의 하늘에 오르기 위해
지금 여기에서
깨어 있습니다.

나를 살피소서!
나를 인도하소서!
당신의 하늘에 올라
영원의 길을 걷게 하소서!

그가 전심으로 여호와의 길을 걸어 산당들과 아세라 목상들도
유다에서 제거하였더라. 2 Chronicles 17:6

104. 미가야

하늘이 주는 말을 한다.
무엇이 두려워
입에 발린 달콤한
그런 말을 하겠는가?

십년이 무서워
천년의 형벌을 받겠는가?
육신의 배를 채우려고
영혼의 저주를 받겠는가?

불의 앞에 침묵하고
무엇이 불의인 것인지,
생각하지 않는 자에겐
불의가 그를 덮치게 되리라.

그때 하늘도 그에게
입을 열지 않으리라.
절체절명 위기의 때,
아무런 응답도 없으리라.

따먹는 것은 좋지만
적어도 무엇이 선악인지,

분별은 해야 한다.
알고는 먹어야 한다.

무엇이 두려워
순간에 기분 좋은
그런 말을 하겠는가?
그런 연명으로 무엇을 하려는가?

내 입을 치라.
나를 나무에 매달라.
뱃속에 가득한 것이
입으로 나오리라.

세상의 칭송이 아니라
하늘의 노래를 부르며
세상의 권좌가 아니라
진리의 자리에 앉으리라.

이스라엘 왕이 여호사밧에게 이르되 아직도 이믈라의 아들 미
가야 한 사람이 있으니 그로 말미암아 여호와께 물을 수 있으
나 그는 내게 대하여 좋은 일로는 예언하지 아니하고 항상 나
쁜 일로만 예언하기로 내가 미워하나이다 하더라. 2 Chronicles
18:7

105. 꼬임

힘으로 싸우라.
네가 승리할 것이다.
싸워 투쟁하지 않고
얻어진 것이 있었던가?

세상을 정복해야 한다.
무력으로 눌러야 한다.
제국을 세워야 한다.
땅을 넓혀야 한다.

그렇게 세상을
일으켜야 한다.
거기에서 새 역사가
일어날 것이다.

네가 아무리 힘을 써도
필요가 없을 것이니
흘러가는 대로
그대로 두라.

네가 하늘을 움직일 수 있겠느냐?
아끼지 말고 쓰라.

네가 쓰는 대로
채워줄 것이니

너를 통해
하늘이 일하실 것이다.
네가 하는 대로
하늘이 움직일 것이다.

혼란을 조성하라.
전쟁을 일으키라.
평화를 깨뜨리라.
공포로 협박하라.

파당으로 나누어서
뿔뿔이 흩어지게 하라.
그들이 한데 모이면
무엇을 할지 모르잖나?

그가 이르되 내가 나가서 거짓말하는 영이 되어 그의 모든 선
지자들의 입에 있겠나이다 하니 여호와께서 이르시되 너는 꾀
겠고 또 이루리라 나가서 그리하라. 2 Chronicles 18:21

106. 야하시엘

우리의 전쟁이라면
우리가 싸워야 하지만
하나님의 전쟁이라면
하나님이 싸우실 것이다.

우리의 싸움이라면
무기가 있어야 하지만
하나님의 싸움이라면
진리로 해야 할 것이다.

우리의 힘으로 하려면
전략이 있어야 하지만
하나님의 힘으로 하려면
믿음으로 해야 할 것이다.

섣불리 나서지 말고
뒤로 물러서지 말고
끝까지 참고 기다리며
때를 기다려야 할 것이다.

우리가 할 수 있는 것이 무엇인가?
기도하고 부르짖는 것이다.

하늘 앞에 마음을 드려
눈물로 호소하는 것이다.

하늘이 문을 열고
생명의 비를 내리기를
눈을 크게 뜨고
노래를 부르는 것이다.

묵묵히 자기의 길을
걸어가는 것이다.
희망의 걸음을
멈추지 않는 것이다.

서로의 손을 잡고
어깨동무를 하며
마음으로 하나 되어
힘을 모으는 것이다.

야하시엘이 이르되 온 유다와 예루살렘 주민과 여호사밧 왕이
여 들을지어다. 여호와께서 이같이 말씀하시기를 너희는 이 큰
무리로 말미암아 두려워하거나 놀라지 말라. 이 전쟁은 너희
에게 속한 것이 아니요 하나님께서 속한 것이니라. 2 Chronicles
20:15

107. 브라가 골짜기

그 생의 골짜기에서
우리가 한 것이 아니기에
하늘을 송축하며
조용히 머리를 숙인다.

살아가는 동안에
삶의 승리를 얻는 것도
우리가 이긴 것이 아니기에
고요히 하늘의 노래를 부른다.

내가 가진 것이 무엇인가?
모든 것이 내 것이 아니고
하늘로부터 잠간
빌어서 쓰는 것.

언제까지
너 자신을 자랑하겠느냐?
어느 때까지
하늘의 것을 탈취하겠느냐?

욕망의 숨을 멈추고
회개의 무덤에 들어간다.

날마다 죽어야 한다.
더러운 입을 다물어야 한다.

하늘이 하시도록
내 자리에서 기다려야 한다.
다만 여기에서
생명의 기도를 드려야 한다.

하늘의 꿈을 끌어내려
평범한 일상을 만드는 것.
하늘의 길을 멈추게 하여
시간을 정지시키는 것.

그것을 거부하며
진리를 죽이지 않고
날마다 변혁의 역사를
조금씩 일으켜야 한다.

넷째 날에 무리가 브라가 골짜기에 모여서 거기서 여호와를
송축한지라. 그러므로 오늘날까지 그곳을 브라가 골짜기라 일
컫더라. 2 Chronicles 20:26

108. 요아스

때를 기다린다.
그 때가 언제인가?
때가 오지 않아도 좋다.
다만 기다림이 필요하다.

때가 오면 일어나야 한다.
때는 일어날 때까지 필요한 것.
너무 오래 기다리면
그 때를 잊어버린다.

때를 기다리면서도
때를 잊어버리지 않는 것.
그것이 문제의 관건이다.
날마다 일어남을 연습해야 한다.

날마다 일어나는 자는
때를 잃어버릴 수가 없다.
일어나는 것이 일상인데
특별한 것이 있겠는가?

일출을 잃어버린 자는
일출을 기대하지 않는다.

일출이 무엇인가?
그것이 필요한 것인가?

매일 뜨는 태양을 맞이하며
매일 지는 태양을 보내는 자는
매일 그의 품 안에서
새로운 태양이 솟아오른다.

이것이 역사의 혁명을
일으키는 비결이다.
날마다 일어나는 연습.
날마다 기다리는 연습.

기다리는 자에게만
하늘은 문을 열어준다.
기다리지 않는 자에겐
열릴 문도 존재하지 않는다.

요아스가 그들과 함께 하나님의 전에 6년을 숨어 있는 동안에
아달랴가 나라를 다스렸더라. 2 Chronicles 22:12

109. 아달랴

반역이다.
개돼지들이 일어났다.
분수를 모르고
날뛰는 것들.

어떻게 잡은 것인데.
절대 내려놓을 수가 없다.
같이 죽을 것이다.
무덤까지 갈 것이다.

너희가 감히 나를 내칠 수 있나?
아직도 할 일이 많은데.
아직도 갈 길이 먼데.
나 아니면 할 수 없는 일들이다.

주는 것만 먹어야지.
먹는 것만도 감사해야지.
감히 나를 거역해.
감히 나를 반대해.

그런 일은 있을 수가 없다.
있어서도 안 된다.

용서 할 수가 없다.
철저히 응징할 것이다.

이것들은 이렇게 해야 한다.
풀어놓으면 안 된다.
머리끝까지 오르려 한다.
아귀처럼 달려들 것이다.

한 번 맛을 보면
끝까지 달라 할 것이다.
아예 처음부터
막아야 한다.

천년만년 가야 하는데.
대대로 내려가야 하는데.
이대로 무너지는 것인가?
나의 피눈물로 너희를 저주하리라.

아달랴가 그 옷을 찢으며 외치되 반역이로다 반역이로다 하매.
2 Chronicles 23:13

110. 여호야다

한 사람이 바로 서면
천하가 바로 선다.
한 사람의 의인이
역사를 움직인다.

내가 바로 서면
온 땅이 바로 선다.
나부터 시작하여
천하가 시작된다.

날마다 가슴을 찢고
하늘 앞에 바로 앉아
하늘의 뜻을
따라야 한다.

한 치도
물러섬이 없고
한 알의
잘못됨이 없다.

흐르는 물은
위로 올라가지 않고

부는 바람은
뒤로 물러가지 않는다.

흐르지 않으면
썩게 되는 것.
모이면 바벨탑을 쌓게 되고
모으면 모래성을 쌓게 되니

자신을 드려
갈고 닦지 않으면
칼이 녹이 슬어
욕망을 벨 수가 없다.

이것이 삶을 마치고
하늘로 돌아가는 비결이니
평생을 바쳐 이루어야 할
거룩한 작업이다.

여호야다가 자기와 모든 백성과 왕 사이에 언약을 세워 여호
와의 백성이 되리라 한지라. 2 Chronicles 23:16

111. 스가랴

스스로 자기의 무덤은
자기가 파는 것이다.
누가 너의 무덤을
파주겠느냐?

무엇을 구하고
무엇을 버리겠느냐?
너희가 구하는 것을
너희가 먹을 것이다.

순간의 욕망을 취하고
영원의 진리를 버리겠느냐?
현실의 안정을 위하여
진리의 여정을 외면하느냐?

광야의 길을 버리고
세상의 길을 택하겠느냐?
그것이 너를 위한
하늘의 길이었더냐?

소돔과 고모라에서
같이 멸망하겠느냐?

아니면 그 땅을 떠나
구도의 길을 걷겠느냐?

나는 여기에서
너를 기다리고 있다.
나와 함께
하늘의 길을 걷겠느냐?

너를 끌고
길을 갈 수는 없다.
너의 길은
네가 걸어야 한다.

날마다 네 자신을 일으켜
칼날 위를 걸어야 한다.
욕망의 마음을 버리고
하늘을 구해야 한다.

이에 하나님의 영이 제사장 여호야다의 아들 스가랴를 감동
시키매 그가 백성 앞에 높이 서서 그들에게 이르되 하나님이
이같이 말씀하시기를 너희가 어찌하여 여호와의 명령을 거
역하여 스스로 형통하지 못하게 하느냐 하셨나니 너희가 여
호와를 버렸으므로 여호와께서도 너희를 버리셨느니라 하나.

2 Chronicles 24:20

112. 신원

하늘이여, 역사하소서!
당신의 역사를 이루소서!
그만 우리의 피를
멈추게 하소서!

얼마나 더 많이
피를 흘려야 합니까?
어디까지 당신의 때를
기다려야 합니까?

당신의 때가
있기는 하는 겁니까?
그저 기적이 일어날 때까지
기다려야 하는 겁니까?

얼마나 그들의 풍악에
춤을 춰야 합니까?
언제까지 그들의 더러운 짓을
보고 있어야 합니까?

얼마나 더 많이
우리의 피가 필요한 것입니까?

언제까지 가슴을 치며
속으로 울어야 합니까?

의인들은 하나 둘
어둠속으로 사라져가며
억울한 영혼들의 울음소리가
하늘에 사무치고 있습니다.

마지막 악이 차오를 때까지
당신은 참고 계시는 것입니까?
그때가지 우리는
견디어내야 하는 것입니까?

모두가 쓰러지게 되면
그때 당신이 일어나시는 것입니까?
꼭 그렇게 해야
당신의 때가 찾아오는 것입니까?

요아스 왕이 이와 같이 스가랴의 아버지 여호야다가 베푼 은
혜를 기억하지 아니하고 그의 아들을 죽이니 그가 죽을 때
에 이르되 여호와는 감찰하시고 신원하여 주옵소서 하니라.
2 Chronicles 24:22

113. 징벌

차라리 당신의 손으로
나를 치소서!
그들의 손에
나를 넘기지 마소서!

어느 날 문득,
당신의 품에서 눈을 뜨듯
그것은 영원을 맞이하는
내 삶의 희열일 것이니

내 생의 마지막을
당신께 드립니다.
그처럼 장렬하게
최후를 맞이합니다.

이것이 나의 영광입니다.
적어도 나는 그들의 발 앞에
나의 무릎을 꿇지 아니하고
당신의 하늘을 바라보았습니다.

죽어도 죽지 아니하고
살아도 연명하지 아니하는

당신의 순간은
영원의 시간이었습니다.

이것이 당신께 드린
나의 의지이며
내가 살아가는
삶의 목표였습니다.

적어도 나는
내 삶의 목표가 있었습니다.
날마다 하루를 살아가는
내 삶의 의미를 가졌습니다.

이렇게 삶의 종국을 맞이합니다.
당신과 함께 영원의 길을 걷는 것.
그것이 내가 걸어왔던
내 인생의 걸음이었습니다.

아람 군대가 적은 무리로 왔으나 여호와께서 심히 큰 군대를
그들의 손에 넘기셨으니 이는 유다 사람들이 그들의 조상들의
하나님 여호와를 버렸음이라. 이와 같이 아람 사람들이 요아스
를 징벌하였더라. 2 Chronicles 24:24

114. 웃시야

그것은 당신이 할 일이 아닙니다.
사람은 자기의 할 일을 알고
어디까지 나가야 하는 것인지,
자기의 분수를 지켜야 합니다.

언제부터 이렇게 되었는지,
어떻게 역사가 진행되어왔는지,
사람은 자기 자신을 성찰하고
하늘 앞에 설 줄 알아야 합니다.

자신의 부끄럼이 들어났으면
조용히 초야로 돌아가
하늘 앞에 속죄를 드리며
자신을 감추어야 합니다.

잠간 자기의 할일을 하고 나면
오래 침묵할 줄 알아야 합니다.
그것은 우리 모두의 기도였고
지혜로운 자의 처신이었습니다.

높은 데를 좋아하는 자는
낮은 데로 떨어질 것이요

겸손을 모르는 자는
부끄럼을 당할 것입니다.

하나를 이루었다고
다른 것도 이룰 수 있는 것은 아닙니다.
하나를 이루었으면
다른 것은 이룰 수 없을 수도 있습니다.

모든 부귀영화는 잠간이요
모든 권세영광도 잠간입니다.
모두 다 바람을 잡는 것이요
바람처럼 사라지는 것입니다.

하여 우리는 이렇게 머리를 숙입니다.
나를 버리지 마소서!
당신의 역사 앞에
죄인으로 서지 않게 하소서!

옷시야가 손으로 향로를 잡고 분향하려 하다가 화를 내니 그
가 제사장에게 화를 낼 때에 여호와의 전 안 향단 곁 제사장들
앞에서 그의 이마에 나병이 생긴지라. 2 Chronicles 26:19

115. 가증

이보다 더 악할 수는 없다.
일어나지 않아야 할 것들이
앉지 않아야 할 자리에 앉아
하늘의 뜻을 더럽히고 있다.

진리의 영이 흐르고
거룩한 영이 운행하는
하늘 성소의 문을
걸어 잠그고 있다.

자기도 들어가지 않을 뿐더러
남들도 들어가지 못하도록
하늘의 문을
막아서고 있다.

목숨으로 지킨
선조들의 고귀한 피를
한 줌 티끌로
태워버리고 있다.

구석구석마다
우상의 제단을 쌓고

거기에 복을 달라고
손을 비벼대고 있다.

이보다 더 하늘의 뜻을
더럽힐 수는 없다.
이 보다 더 이상
가증할 수는 없다.

하늘의 형상을 받은
하늘의 자녀들로서
더 이상 타락할 수는 없다.
더 이상 사악할 수는 없다.

자기가 뿌린 씨는 자기가 거두는 법.
반드시 그 대가는 자기가 치러야 하는 법.
그것을 진정으로 알고 깨달았다면
그렇게 하늘의 뜻을 배반할 수는 없다.

아하스가 하나님의 전의 기구들을 모아 하나님의 전의 가구들
을 부수고 또 여호와의 전 문들을 닫고 예루살렘 구석마다 제
단을 쌓고. 2 Chronicles 28:24

116. 정화

거기에 희망이 있다.
자신을 성결하게 하는 것.
하늘 앞에 스스로
머리를 숙이는 것.

자신이 깨끗하면
머뭇거림도 없을 것이고
자신이 부끄럽지 아니하면
담대하게 앞으로 나아갈 수 있을 것이니

너희가 나서라.
어차피 너희가 해야 한다.
그것을 위하여 너희가
택함을 받지 않았는가?

성소를 지키라.
더럽고 가증한 것이
앉지 않아야 할 자리에 앉아
하늘의 자리를 더럽히고 있다.

날마다 자리에 앉아
너의 마음을 씻으라.

한 점 의혹도 없이
하늘을 비추게 하라.

그 후에 자리에서 일어나
네가 받은 하늘의
소리를 선포하라.

아무것도 없는 것에서부터
다시 시작하라.
나의 성소를 세우고
진리를 불을 밝히라.

정의가 강같이 흐르게 하고
공의가 세상에 충만하게 하라.
나를 찾는 자가
하늘을 볼 수 있게 하라.

그들에게 이르되 레위 사람들아 내 말을 들으라 이제 너희는
성결하게 하고 또 너희 조상들의 하나님 여호와의 전을 성결
하게 하여 그 더러운 것을 성소에서 없애라. 2 Chronicles 29:5

117. 담대

하늘을 바라보는 자는
세상에 좌우되지 않는다.
더 이상 세상의 자리에 연연하지 않는다.
그는 하늘의 자리를 사모한다.

뿌리 깊은 나무는
가벼운 바람에 흔들리지 않는다.
그를 흔들 수는 있으나
쓰러뜨릴 수는 없다.

하늘에 몸을 던진 자는
세상의 겁박을 두려워하지 않는다.
이미 죽은 자는 죽음이
더 이상 힘을 쓸 수가 없다.

하늘의 세계에 사는 자는
세상의 즐거움을 말하지 않는다.
진리와 초월의 기쁨이
그의 삶이 된다.

하늘의 사람은
세상을 사랑하지 않는다.

세상을 사랑함이
그의 목표가 아니다.

세상은 사랑의 대상이 아니라
치료의 대상이 된다.
세상은 목표가 아니라
육신을 입고 살아가는 도구이다.

세상을 버린 자에게는
세상이 주장을 할 수가 없다.
그것은 죽음을 벗어나는
새로운 부활의 세계이다.

세상의 높은 것은
하늘과 가까워지는 것이다.
겸손히 머리를 숙이고
주어진 운명에 순종하는 것이다.

너희는 마음을 강하게 하며 담대히 하고 앗수르 왕과 그를 따
르는 온 무리로 말미암아 두려워하지 말며 놀라지 말라. 우리
와 함께 하시는 이가 그와 함께 하는 자보다 크니. 2 Chronicles
32:7

118. 진노

사람들의 눈을 가려서
그들을 현혹하지 말라.
그 죄 값을
어떻게 감당하려느냐?

사술과 요술로
하늘을 가리지 말라.
하늘이 캄캄해지면
어찌 태양을 볼 수 있겠느냐?

너희 자녀를 드려
하늘의 마음을 얻으려느냐?
그렇게 영화를 얻어
무엇에 쓰려느냐?

허망한 것에
마음을 빼앗기지 말라.
진리를 바로 보고
역사의 통찰을 얻으라.

사악한 헛것에
신접하지 말고

진리의 하늘과
마음을 통하라.

자식을 드리지 말고
자신을 드리라.
너를 드리지 않고
무엇을 얻으려 하느냐?

귀신을 부르는
풍악을 그치라.
침묵으로 들어가
고요히 침잠하라.

침묵하지 않고
얻어진 것이 없으며
통찰하지 않고
깨달음이 없으리라.

또 힌놈의 아들 골짜기에서 그의 아들들을 불 가운데로 지나
가게 하며 또 점치며 사술과 요술을 행하며 신접한 자와 박수
를 신임하여 여호와 보시기에 악을 많이 행하여 여호와를 진
노하게 하였으며. 2 Chronicles 33:6

119. 허물며

뜻이 있는 곳에
길이 있다면
뜻을 세우는 곳에
길이 열리리라.

자신이 더러움에 있다면
무엇을 할 수가 있겠느냐?
그가 하는 모든 것이
더러운 일이로다.

하늘을 위해 뜻을 세우고
자신을 성결하게 하면
그때 하늘의 역사가
일어나게 되리라.

앞서야 할 것이 있고
뒤서야 할 것이 있다.
때를 분별하고
자신을 알아야 하리라.

진흙탕에서 아무리
몸부림쳐 보아라.

점점 더 그 속으로
빠져 들어갈 것이니

그 속에서 나와
신의 산에 오르라.
하늘을 향하여
너의 눈을 들라.

날마다 새롭게
자신을 씻지 않으면
더러운 허물이
너를 덮으리라.

날마다 마음에 솟아나는
욕망을 찍어내지 않으면
그 속에 가려서
앞을 보지 못하게 되리라.

제단들을 허물며 아세라 목상들과 아로새긴 우상들을 빻아 가
루를 만들며 온 이스라엘 땅에 있는 모든 태양 상을 찍고 예루
살렘으로 돌아왔더라. 2 Chronicles 34:7

120. 발견

가장 귀한 것은
가장 가까운 곳에 있다.
일상이 쌓여
역사를 이룬다.

어디에나 있는 것.
그냥 쉽게 지나치는 것.
거기에 진리가 있고
그 속에 보화가 있다.

눈을 열고 보면
우주가 보이고
마음을 열고 보면
하늘이 보인다.

낮은 곳.
비천한 곳.
가난한 곳이 바로
은혜의 자리이다.

아무나 있을 수 없고
누구나 가지 못하는

거기에 있다는 것을
우리는 감사해야 한다.

배가 부르면
기름진 산해진미도
한낱 그림의 떡인 것이고
생명을 해치는 독이 되는 것.

언제나 목마르고
배고픈 것이 복이다.
거기에서 그것을
찾는 자가 복이 있으니

그는 언제나 하늘의
통로가 될 수 있다.
축복이 흐르고 계시가 흐르는
한 알의 씨앗이 되는 것이다.

무리가 여호와의 전에 헌금한 돈을 꺼낼 때에 제사장 힐기야
가 모세가 전한 여호와의 율법책을 발견하고. 2 Chronicles 34:14

121. 지킴

마음을 드리고
너의 몸을 드려
그의 길을 걷지 않으면
그의 앞에 서지 못하리라.

어느 순간
육신의 욕망이 너를 삼켜
천길 나락으로 떨어지고
천추의 한을 남기게 되리라.

후회도 필요 없고
돌이킴도 소용이 없으리라.
영원히 지하에서
이를 갈게 되리라.

뼈를 깎는 인고로
땀과 피를 쏟아
그의 길을
걸어야 하리라.

끊임없이 솟아나는
죄의 삯을 잘라내고

또 잘라내야 하리라.
불로 태워야 하리라.

선 줄로 생각지 말고
다 되었다 하지 말고
항상 그 앞에 서서
자신을 깎아내야 하리라.

빛 앞에 너를 세워
그 길을 걸어야 하리라.
그 만을 바라보고
그의 손을 잡아야 하리라.

그것이 너의 전부가
되어야 하리라.
한 점 흐트러짐 없이
그 앞에 서야 하리라.

왕이 자기 처소에 서서 여호와 앞에서 언약을 세우되 마음을
다하고 목숨을 다하여 여호와를 순종하고 그의 계명과 법도
와 율례를 지켜 이 책에 기록된 언약의 말씀을 이루리라 하고.

2 Chronicles 34:31

122. 멸시

무엇이 너의 관심인가?
하루의 해가 떠오르고
하루의 해가 지고 있는데
너의 하루는 어디에 있는가?

무엇이 너의 목적인가?
하루의 숨을 쉬고
하루의 배를 채우며
어디를 향하여 걸어가는가?

무엇이 너의 생명인가?
이 세상에 태어나
한 평생을 살아가는데
무엇을 세상에 남기고자 하는가?

그리하여 삶을 통해
무엇을 하고자 하는가?
무슨 노래를 부르며
어떤 베를 짜려고 하는가?

무엇을 위해 사는가?
어차피 우리는 세상에 와서

무엇인가를 해야 하는 것.

무엇을 꿈꾸는가?
꿈을 꾼다는 것은
아직도 무언가
희망이 있다는 것이다.

한 걸음도 헛되이 걸을 수 없고
한 발자국도 헛되이 남길 수 없다.
하늘을 향해 손가락질 하지 말며
함부로 하늘을 쳐다보지 말라.

자기가 뿌린 씨는
자기가 거두는 법.
심지 않은 것을 거둘 수 없고
가꾸지 않은 것을 먹을 수는 없다.

그의 백성이 하나님의 사신들을 비웃고 그의 말씀을 멸시하며
그의 선지자를 욕하여 여호와의 진노를 그의 백성에게 미치게
하여 회복할 수 없게 하였으므로. 2 Chronicles 36:16

123. 재건

결국 우리의 남은 삶은
성전을 세우는 것이다.
성령이 거하시는
무형의 성전.

어떤 사람은
보이는 성전을 세우고
그 속에 자리 잡고 들어가
자기의 우상에게 절을 한다.

무언가 섬기지 않으면
무언가 두려운 것이다.
자기를 건져줄
구원을 바란다.

그러나 자기 외에 누가
자기를 건질 수 있겠는가?
자기가 믿는 것이
자기를 좌우하는 것.

그래서 우리는 항상
진리 위에 서야 한다.

두 발을 땅에 딛고
두 눈을 떠야 한다.

눈을 들어 하늘을 보라.
너의 도움이 어디서 올까?
눈을 들어 자신을 보라.
너의 안에는 무엇이 있는가?

다시 시작해야 한다.
영원히 허물어지지 않고
세상에 보이지 않는
하늘의 성전을 세워야 한다.

진리의 바람을 타고
하늘에 올라야 한다.
그가 계시는 자리까지
멈추지 않아야 한다.

바사 왕 고레스가 이같이 말하노니 하늘의 신 여호와께서 세
상 만국을 내게 주셨고 나에게 명령하여 유다 예루살렘에 성
전을 건축하라 하셨나니 너희 중에 그의 백성 된 자는 다 올라
갈지어다. 너희 하나님 여호와께서 함께 하시기를 원하노라 하
였더라. 2 Chronicles 36:23

에필로그(Epilogue)

일어나 길을 가자.
다시금 길을 떠나자.
어차피 우리가 가야할 길.
언제까지 머물러 있을 수는 없다.

가야할 길이 있다는 것.
올라야 할 산이 있다는 것.
그것은 우리에게 주어진
가장 귀한 축복이지 않은가?

모든 위대한 역사도
작은 출발에서 시작했다.
처음부터 위대한 것은
세상에는 없는 것이다.

그냥 우리에게
주어진 길을 가다보면
그러다 보면 어느 날,
위대한 길을 걷게 되는 것이다.

위대함은 쫓아가는 것이 아니라
자기의 자리에서 최선을 다하는 것이다.
날마다 주어진 목표를
하나씩 성취해가는 것이다.

위대함은 하늘이 만드는 것.
모두가 힘을 합하는 것이다.
오욕의 이름을 남기지 않고
승리의 미소를 짓는 것이다.

아이야, 너를 위한
길을 닦아 나가련다.
네가 너의 길을 가도록
너를 위한 길을 만들어 나가련다.

매일 새 아침을 시작하고
매일 새 마음으로 출발하련다.
우리는 다시 오지 않을 하루를 사는 것이고
누군가 그토록 살고 싶어 했던 그 하루를 사는 것이기에…